Teologia da educação

O selo DIALÓGICA da Editora InterSaberes faz referência às publicações que privilegiam uma linguagem na qual o autor dialoga com o leitor por meio de recursos textuais e visuais, o que torna o conteúdo muito mais dinâmico. São livros que criam um ambiente de interação com o leitor – seu universo cultural, social e de elaboração de conhecimentos –, possibilitando um real processo de interlocução para que a comunicação se efetive.

Mariana Maciel de Moraes

Teologia da educação

 EDITORA intersaberes

Rua Clara Vendramin, 58 . Mossunguê CEP
81200-170 . Curitiba . PR . Brasil
Fone: (41) 2106-4170
www.intersaberes.com
editora@editoraintersaberes.com.br

Conselho editorial
Dr. Ivo José Both (presidente)
Dr.ª Elena Godoy
Dr. Neri dos Santos
Dr. Ulf Gregor Baranow

Editora-chefe
Lindsay Azambuja

Supervisora editorial
Ariadne Nunes Wenger

Analista editorial
Ariel Martins

Preparação de originais
Lucas Cordeiro

Capa e projeto gráfico
Charles L. da Silva

Iconografia
Vanessa Plugiti Pereira

Dados Internacionais de Catalogação na Publicação (CIP)
(Câmara Brasileira do Livro, SP, Brasil)

Moraes, Mariana Maciel de
  Teologia da educação/Mariana Maciel de Moraes.
Curitiba: InterSaberes, 2015. (Série Conhecimentos
em Teologia)

  Bibliografia.
  ISBN 978-85-443-0326-9

  1. Educação cristã 2. Teologia I. Título. II. Série.

15-10008   CDD-268

Índices para catálogo sistemático:
1. Educação cristã: Teologia: Cristianismo 268

1ª edição, 2015.
Foi feito o depósito legal.

Informamos que é de inteira responsabilidade
da autora a emissão de conceitos.
Nenhuma parte desta publicação poderá ser
reproduzida por qualquer meio ou forma sem a prévia
autorização da Editora InterSaberes.
A violação dos direitos autorais é crime estabelecido na
Lei n. 9.610/1998 e punido pelo art. 184 do Código Penal.

sumário

9 *apresentação*

capítulo um
11 **Considerações iniciais sobre a educação cristã**
14 1.1 Definições
18 1.2 Educação informal: o papel da família

capítulo dois
25 **Agentes da educação**
27 2.1 Educador
31 2.2 Educando
35 2.3 Fé e ensino

capítulo três
39 **Princípios metodológicos**
41 3.1 Interdisciplinaridade
   (o diálogo com outras áreas de conhecimento)
43 3.2 Educar com sabedoria

capítulo quatro

49 A Bíblia e a educação
50   4.1 Processo de ensino e aprendizagem no Antigo Testamento
57   4.2 Processo de ensino e aprendizagem no Novo Testamento
61   4.3 Cristo como modelo educativo

capítulo cinco

71 Desenvolvimento histórico da educação cristã
74   5.1 Patrística
82   5.2 Escolástica
84   5.3 Reforma Protestante

capítulo seis

89 Linhas de interpretação bíblica
92   6.1 Teologia liberal
102   6.2 Fundamentalismo
107   6.3 A terceira alternativa

capítulo sete

111 Considerações sobre o ensino religioso
114   7.1 Formação da imagem própria
118   7.2 As dificuldades da adolescência
120   7.3 O encontro do adolescente com Deus
123   7.4 Dúvidas e crises espirituais do adolescente
127   7.5 Mudança na visão e compreensão de Deus
134   7.6 Como lidar com a espiritualidade do adolescente

capítulo oito

137 Explicações para a presença da espiritualidade
139   8.1 Explicações antropológicas e sociológicas da presença da espiritualidade
146   8.2 Explicações psicológicas da presença da espiritualidade
150   8.3 A presença da espiritualidade explicada teologicamente

159 *considerações finais*
163 *referências*
173 *gabarito*
181 *sobre a autora*

apresentação

Bem-vindo ao nosso estudo sobre o ensino e a aprendizagem sob a perspectiva da teologia. Esse assunto é muito relevante, afinal, para o desenvolvimento espiritual de uma comunidade e para a condução adequada do homem em direção a Deus, é preciso conhecermos as maneiras mais eficazes de ensino e as formas de transmitir os preceitos maravilhosos que Ele deixou para Seus filhos. Por isso, estudaremos a orientação bíblica para a educação e o desenvolvimento desse processo no decorrer da história.

Mesmo que este material seja um estudo teórico, esperamos que, por meio dele, você aperfeiçoe seu dom de ensinar e venha a entender um pouco mais a complexa estrutura de relacionamentos humanos, de modo a desenvolver e aprimorar o método de ensino e aprendizagem da Palavra de Deus para a sociedade atual. Esta obra se destina a todos que desejam desenvolver ainda mais a habilidade de ensinar mediante os ensinamentos divinos.

A proposta da teologia para a educação cristã é buscar compreender como o indivíduo aprende, indicar a orientação bíblica mais adequada para cada contexto, levantar as dificuldades para a compreensão dos temas trabalhados e ofertar as melhores soluções para que o aprendizado se efetive. Desejamos que este material possa trazer a você algumas respostas e indicar caminhos a serem percorridos.

A obra está dividida em oito capítulos. No Capítulo 1 analisaremos a educação cristã, tanto no contexto escolar quanto no da educação informal, de responsabilidade da família. Passaremos, no Capítulo 2, ao estudo introdutório dos agentes da educação e dos princípios metodológicos relevantes ao tema, que será melhor trabalhado no Capítulo 3.

No Capítulo 4, trataremos efetivamente do estudo da Bíblia como ferramenta educacional, com base nos processos de aprendizagem perceptíveis no Antigo e Novo testamentos. Com essa base teórica formulada, analisaremos, nos capítulos 5 e 6, o desenvolvimento histórico da educação cristã e algumas linhas de interpretação bíblicas relevantes.

No Capítulo 7, trabalharemos com questões mais próximas do ensino em si, como o processo de formação imagética da criança e as dificuldades enfrentadas pelos adolescentes ao se depararem com a espiritualidade em suas múltiplas facetas. Por fim, no Capítulo 8, por meio dos vieses antropológicos, sociológicos, psicológicos e teológicos, trataremos da presença da espiritualidade nas sociedades humanas e nos indivíduos em especial.

Agradeço a Deus pelo imenso privilégio de poder ajudar futuros teólogos e desejo que você tenha um estudo proveitoso, agradável e abençoado.

capítulo um

Considerações iniciais sobre a educação cristã

Uma vez que o ser humano, ao nascer, não está totalmente habilitado para viver e conviver em sociedade, é preciso que ele passe por um processo de ensino e aprendizagem desde o nascimento. ***Educação*** é o nome desse processo, que pode se dar das seguintes formas:

- **Educação informal ou familiar** – O indivíduo aprende hábitos imprescindíveis, como os relativos à higiene, à alimentação e ao comportamento social.
- **Educação formal ou escolar** – É obrigatória no Brasil para jovens de 6 a 17 anos de idade.

Trabalharemos nesta obra exclusivamente com o processo de educação cristã, cujo objetivo é o ensino sobre um Deus de amor que criou e salvou o homem. No texto de Gênesis, no primeiro capítulo, versículos 26 e 27, relata-se que Deus criou o homem segundo Sua imagem e semelhança (Bíblia. Gênesis, 1: 26-27) – mas, infelizmente, tal semelhança se perdeu com o advento do pecado. Restaurar na humanidade a semelhança com seu Criador, levar o ser humano a compreender por que e para quem fora criado e qual é a essência da vida humana são os papéis da educação cristã.

Recuperar a semelhança divina é um processo de toda uma vida, assim como a educação cristã, que, de acordo com José Abraham Jesús (citado por Rev. Gilsásio Reis, 2015), é:

> *O processo através do qual a comunidade de fé se conscientiza e se transforma, à luz de sua relação com Deus em Jesus como o Cristo, que o chama a viver em amor, paz e justiça consigo mesmo, com seu próximo e com o mundo, em obediência ao Reino de Deus. [...] Uma forma de entender isto é observar os processos da natureza, como por exemplo, uma semente. A semente tem a potencialidade de se transformar em uma árvore de onde se colha os frutos, porém, isto não ocorre instantaneamente. Ela requer que a semente seja plantada em um lugar onde há terra e água. Através do tempo e das diferentes mudanças que vão ocorrendo nela, germinará e começará seu processo de crescimento e em um dia nos dará os seus frutos. E tudo isso tomará tempo, em alguns casos mais do que outros.*

E é a Igreja que se presta à missão de guiar esse processo e ensinar essas imensas verdades: "Ide, portanto, fazei discípulos de todas as nações, batizando-os em nome do Pai, e do Filho, e do Espírito Santo; ensinando-os a guardar todas as coisas que vos tenho ordenado." (Bíblia. Mateus, 28: 19-20).

O trabalho dos educadores pode ser comparado à obra dos profetas bíblicos – homens que foram responsáveis pela instrução, pelo aconselhamento e pela orientação ao caminho do povo para os dias em que estavam vivendo e prepará-lo para o céu. Essa é exatamente a função do educador cristão, seja ele pai, seja professor ou qualquer um que trabalhe com essa fascinante e desafiadora tarefa.

1.1 Definições

O trecho anteriormente citado de Mateus destaca a principal incumbência que Jesus determinou para a Igreja: **fazer discípulos e ensinar as grandes verdades**, missão intimamente associada à palavra *ministério*. De acordo com o novo dicionário Aurélio (Ferreira, 1999, p. 1340), o verbo *ministrar* é definido como "dar, prestar, fornecer; servir e atuar como ministro". Já o termo *ministro* é determinado como "servidor, servo, criado" e "aquele que executa os desígnios de outrem" (Ferreira, 1999). Embora, normalmente, esse título seja usado apenas para a liderança da Igreja, todos os seus membros são chamados para o ministério.

Tendo em mente que todo cristão é chamado para servir em nome de Deus, é preciso que os membros da cristandade saibam o que e como ensinar. Para Maraschin (1979, p. 17): "Todo o povo de Deus deve se preparar, segundo o autor da Epístola aos Efésios, para o serviço cristão, a fim de construir o corpo de Cristo".

É importante diferenciarmos os termos *ministérios* e *ministério*. A palavra no singular trata do que versamos até aqui: ensinar sobre Deus ao próximo; o vocábulo no plural se refere às diferentes formas de cumprir essa missão, afinal, podemos ensinar por meio de música, imagens, peças de teatro, sermões etc. Portanto, o *ministério* é o **ensinamento da Bíblia**; os *ministérios* dizem respeito à **forma que se utiliza para ensinar**.

Uma dúvida que se pode surgir é: Se o ministério é um dom de Deus e Ele capacita Seus filhos, por que a necessidade de cursar Teologia? É interessante a diferença que é dada a uma profissão e ao serviço prestado a Deus – normalmente, dedica-se muito mais e com mais afinco às demandas deste século do que às coisas eternas. É, sim, preciso haver empenho, uma busca para poder servir a Deus de forma mais completa e satisfatória.

Teologia da educação

Além da necessidade de compreendermos qual é a missão principal da Igreja e diferenciar *ministério* de *ministérios*, é preciso conceituar espiritualidade e religiosidade para entender a importância desses aspectos. O apóstolo Paulo, inspirado pelo Espírito Santo, afirmou:

> *Quem não tem o Espírito não aceita as coisas que vêm do Espírito de Deus, pois lhe são loucura; e não é capaz de entendê-las, porque elas são discernidas espiritualmente. Mas quem é espiritual discerne todas as coisas, e ele mesmo por ninguém é discernido; pois "quem conheceu a mente do Senhor para que possa instruí-lo?". Nós, porém, temos a mente de Cristo.* (Bíblia. I Coríntios, 2: 14-16)

O termo *espiritualidade* remonta ao latim *spiritualists,* tradução do grego *pneumatikós,* do texto paulino citado. **Espiritualidade** é a relação do homem com o sagrado, declara Célia Smarjassi (2011, p. 266), "assim como o ser humano tem corporeidade (relação com o corpo) e racionalidade (relação com a mente), também tem espiritualidade (relações com as realidades espirituais)".

Religião, por sua vez, é a forma como se pratica a espiritualidade, ou seja, são os dogmas, ritos e códigos morais aceitos por um grupo de pessoas que acreditam nas mesmas verdades e que praticam essa experiência de uma mesma maneira. Para Pedro Vilson Alves de Souza Filho (1987, p. 11), com relação à "tendência universal do homem para a espiritualidade, pode-se afirmar que o mundo possui uma profunda dimensão de espiritualidade na totalidade do espírito humano e isto atinge, absolutamente e de todas as formas, a espécie humana".

Muitas pessoas têm a necessidade de Deus. Quando o assunto é a vivência espiritual, o homem se envolve de maneira surpreendente, confirma René Ribeiro (1982, p. 274): "o indivíduo, preocupado com o sobrenatural, desejoso de uma visão coerente do cosmos, de uma explicação sobre o destino último do homem, de um relacionamento direto e de influência junto a potências sobrenaturais", envolve-se facilmente com o espiritual. Segundo Rubem Alves (citado por Souza Filho, 1987, p. 8),

> o que torna a religião mais enigmática ainda é o fato de que, apesar de não entender as suas origens – ou precisamente por não entendê-las – o homem não consegue se desvencilhar do seu fascínio. Na realidade, não se tem notícia de cultura alguma que não a tenha produzido, de uma forma ou de outra.

Para o homem moderno, a dificuldade em assumir sua espiritualidade está calcada no **racionalismo** – corrente filosófica que assegurava a possibilidade de se explicar tudo por meio da racionalidade, inclusive o ser humano, retirando dele partes essenciais para a sua própria compreensão. Com o **cartesianismo**, houve uma fragmentação ainda maior do indivíduo, pois, segundo Ruy Cezar (citado por Pavan, 2002, p. 25), essa corrente "incentivou o desenvolvimento de linhas mais materialistas".

O resultado do surgimento dessas linhas de pensamento foi um aumento das frustrações, pois a sensação de incompletude dos indivíduos se tornou mais forte, o que veio a gerar uma sociedade repleta de violência e vícios. Tal situação comprova a necessidade que o homem tem de algo mais elevado.

É uma característica humana a necessidade de representações religiosas capazes de darem sustentação emocional e ética, de forma a transformar o indivíduo em alguém ainda mais ativo e produtivo, mais feliz e realizado.

Para Eliana Passador (2015):

> Pode-se notar que mesmo vivendo em condições de extrema pobreza, as pessoas relatam uma crença, uma religião, como que buscando alento

para as dificuldades vividas [...]. Este fato se relaciona estritamente ao nosso país onde a pessoa pode não ter família ou emprego ou mesmo uma carteira de identidade, mas tem um time para torcer e tem religião, um Deus para acreditar. [...] pessoas de todas as camadas sociais, por diferentes razões e interesse, buscam auxílio na religião.

A humanidade, marcada pela pobreza, dor e falta de paz e justiça, precisa ser repleta de esperança – tal princípio, próprio do homem, faz com que o ser humano procure algo maior que ele mesmo. Essa busca por algo mais elevado promove o desenvolvimento da espiritualidade.

Nas expressões culturais ressoam conteúdos espirituais da vida que exprimem o sentido último e mais profundo da existência humana. Nesse âmbito, Smarjassi (2011) assegura que a perda dessa dimensão espiritual causa sérios problemas. Para Leonardo Boff (citado por Smarjassi, 2011, p. 250):

> *Espiritualidade vem de espírito. Para entendermos o que seja espírito precisamos desenvolver uma concepção do ser humano que seja mais fecunda do que aquela convencional, transmitida pela cultura dominante. Esta afirma que o ser humano é composto do corpo e alma ou de matéria e espírito [...]. Perdeu-se a unidade sagrada do ser humano vivo que é a convivência dinâmica de matéria e de espírito entrelaçados e inter-retro-conectados.*

O ser humano é formado por **corpo, mente e espírito**, mas só compreende esse fato quando é ensinado. De modo geral, a humanidade é assolada por inquietudes voltadas à sua miséria moral, que escraviza o ser humano. Ainda assim, as pessoas querem dominar alguns impulsos, mesmo quando percebem que essa mudança em seu caráter é demorada e que, muitas vezes, não depende de sua boa vontade (está além de seu esforço individual). Ao perceberem o vazio que há em suas vidas, muitos sentem o desejo de preenchê-lo e, então, são chamados "a esperar um salvador que é luz e vida", segundo Jean Christin (1969, p. 48). Alguém que revele ao ser humano que é preciso fazer algo neste mundo e quem ele realmente é.

Contribuir para a busca de respostas às questões da existência humana é o papel da educação cristã.

1.2 Educação informal: o papel da família

Já no momento da criação, Deus destacou a importância da **família**: "Não é bom que o homem esteja só" (Bíblia. Gênesis, 2: 18). A família foi criada por Deus, pois a primeira missão que Deus deu à humanidade, antes mesmo da existência do pecado, foi que Adão e Eva formassem um núcleo familiar. Afinal, o indivíduo é, primeiramente, fruto do meio onde está inserido – o primeiro contato de qualquer ser humano neste mundo é com sua família. No entanto, em muitos casos, o relacionamento familiar não é tão simples, mesmo entre pais e filhos.

Jean-Pierre Deconchy (1970, p. 197) destaca que as dificuldades no relacionamento entre pais e filhos são produto da falta de consciência das diferenças reais entre eles. Apesar de estarem inseridos no mesmo ambiente, pais e filhos têm uma visão muito diferente da dinâmica cotidiana, mesmo que ambos vivenciem a mesma situação em um mesmo momento.

Até mesmo quando os integrantes da família são da mesma faixa etária, há diferenças de compreensão, em virtude de experiências individuais únicas. O ponto inicial para respeitar e compreender as diferenças é reconhecer que elas existem. O segundo aspecto refere-se à empatia, ou seja, à capacidade de se colocar na situação do outro.

Quando tratamos de dificuldades dentro das famílias, precisamos levar em consideração a **necessidade negativa** dos pais, como a de realizar-se através do filho, levando-os a participar de eventos e a tomar escolhas que eles próprios – e não necessariamente os filhos – gostariam de ter feito. As pequenas *misses* são um exemplo claro desse aspecto: as imagens dos vídeos de preparação para os desfiles demonstram a realização das mães, e não das filhas pequenas, que, em alguns casos, têm menos de 5 anos e se veem obrigadas a fazer penteados elaborados e até mesmo dolorosos para a idade delas.

Essa necessidade de projeção dos pais muitas vezes segue seus filhos até a adolescência, quando alguns pais desejam que o filho tenha popularidade ou participe de atividades sociais de que um dos pais gostaria de ter participado. Mesmo quando se trata do futuro do filho, como no caso da opção de faculdade a ser cursada e da profissão a ser exercida, muitas vezes os pais interferem mais do que o desejável. Outra necessidade paterna seria de aprovação de quem está à sua volta. Segundo Raspanti (1997, p. 50), é fácil "transformar a necessidade de autoestima dos pais em necessidade de ser pais perfeitos e de ter um filho perfeito para exibir aos outros". Essa necessidade de aprovação da parte dos pais justifica-se porque na sociedade "há duas qualidades subjetivas que são cruciais para se fazer valer em nossa tribo: é necessário ser desejável e invejável" (Calligaris, 2000, p. 14-15). Dessa forma, o relacionamento entre pais e filhos amiúde não é adequado.

Para Deconchy (1970, p. 197), umas das primeiras dificuldades da adolescência é o processo de desligamento do jovem em relação à família. Algumas vezes, o que mais dificulta tal passagem são os próprios pais, que não querem aceitar o crescimento e a independência dos filhos. Muitos pais mantêm o desejo de que, ao deixar seu filho no colégio, ele o abrace e se despeça, mesmo que já seja um aluno do nono ano (com 13 ou 14 anos), e alguns sentem-se ofendidos quando os filhos pedem mais liberdade, como a permissão de ir ao colégio sozinho.

Ao afastar-se dos pais e tentar se diferenciar, o jovem está apenas começando sua missão de crescer – o objetivo final, que é atingir a maturidade, ainda está longe. Para Raspanti (1997), o adolescente deve se "desligar" dos pais para alcançar autonomia, sentir-se adulto, responsável e livre. O equilíbrio é saber como e em que medida esse processo deve se desenvolver: os pais precisam aprender a auxiliar os filhos em sua individualização e em seu crescimento espiritual.

É importante destacarmos que o caráter de cada pessoa começa a ser construído no momento de seu nascimento e continua a se desenvolver por toda a vida. Assim sendo, qual é a preocupação real dos lares com a formação de seus integrantes?

Dois grandes educadores ressaltaram em suas obras aspectos diferentes da educação: Piaget destacava o papel da hereditariedade genética e Vygotski ressaltava a influência do meio – atualmente, compreende-se que esses aspectos não devem ser vistos separadamente, mas como complementares. A família, por sua vez, envolve os dois elementos: a **genética** e **o meio**.

A influência dos pais é incalculável, razão por que deveriam se conscientizar de suas responsabilidades. No ritmo acelerado do dia a dia, é comum que os pais não disponham de tempo para seus filhos, o que faz com que muitos adolescentes convivam muito mais com colegas e más influências. Alguns pais não conseguem sequer perceber a tristeza de seus filhos. Hoje em dia, os adolescentes se queixam muito de que seus pais não os conhecem.

Por esses motivos apresentados, é preciso enfatizar para os jovens a essência da Lei Divina e do amor a Deus, a si próprio e aos outros. Muitos não se valorizam e não se aceitam por não se conhecerem devidamente. Em busca de uma identidade e de aceitação, muitos jovens são tão flexíveis que não sabem mais quem são.

Às vezes, os pais se atemorizam diante de sua missão, mas, "quanto mais dura a batalha, maior sua necessidade de auxílio do Pai celestial, e mais notável a vitória alcançada" (White, 2003, p. 208). Deus, em Sua imensa generosidade e sabedoria, concederá aos pais exatamente o que eles precisam.

Quando se trata da educação de filhos, a mãe é uma agente preeminente; o bebê é capaz de reconhecer a voz de sua mãe enquanto ainda é um recém-nascido. Quando uma mulher se torna mãe, é preciso que ela compreenda as novas prioridades que fazem parte de sua rotina, que não vive apenas para si. Ela precisa entender que não está lidando apenas com sua salvação, mas também com a da vida que a acompanha.

Na Bíblia, tamanha preocupação é expressa por Deus na orientação dada à mãe de Sansão: "E o anjo do Senhor apareceu a esta mulher, e disse-lhe: Eis que agora és estéril, e nunca tens concebido; porém conceberás, e terás um filho. Agora, pois, guarda-te de beber vinho, ou bebida forte, ou comer coisa imunda" (Bíblia. Juízes, 13: 3-4). Assim, Deus concederá a sabedoria necessária a toda mãe que buscar compreender o tamanho de sua responsabilidade. A educação não é algo simples e imediato: é o resultado de um grande esforço.

O pai também é um grande instrumento no desenvolvimento da espiritualidade de seus filhos. Não devemos cair no equívoco de afirmar que há um desequilíbrio entre os dois (pai e mãe), pois ambos são responsáveis pela educação dos filhos (pensar na responsabilidade maior de um dos dois seria tender ao machismo ou a um feminismo preconceituoso).

Um dos maiores problemas contemporâneos no caso dos pais é conseguir tempo para a família e os filhos. Mas algo a se questionar é: Até que ponto os pais realmente se esforçam e se programam para estar com a família?

A presença do pai é extremamente significativa – razão por que ele deve refletir constantemente sobre o resultado de sua influência e a necessidade de mudar algo em sua atitude. Muitos se preocupam com suas atitudes no trabalho e em público, mas não em casa. Se os pais participarem efetivamente da educação de seus filhos adolescentes, pedirem sabedoria e orientação a Deus, o resultado será formidável.

Além dos pais, os irmãos também influenciam o desenvolvimento humano de inúmeras formas, tanto positiva quanto negativamente. Os pais precisam orientar seus filhos mais velhos nesse sentido, sem sobrecarregá-los ou desvalorizá-los.

Deus pode modificar e transformar qualquer defeito de caráter, mas o fará na medida em que pedirmos por isso, pois Ele respeita a liberdade que concede ao homem. Tanto individualmente quanto em família, é preciso buscar a Deus. As famílias devem participar de cultos religiosos em suas igrejas, mas a religião do lar vai além disso: se Jesus for o centro da família, da vida de cada membro, então essa casa será um prenúncio do céu.

Questões para revisão

1. Responda apenas com textos bíblicos ou informações contidas na Bíblia:
   a) Qual é a principal missão da Igreja?
   b) Quem é responsável pela capacitação para o ensino e a aprendizagem das verdades espirituais?

2. Cite um trecho bíblico que demonstre positivamente o papel da família para o crescimento espiritual do indivíduo.

3. Repita a atividade anterior, mas considerando a influência negativa da família.

capítulo dois

Agentes da educação

A missão da educação cristã é levar a pessoa a descobrir-se, compreender o mundo onde está inserida e conhecer a Deus. Esse trabalho é uma árdua jornada, afinal, nenhum indivíduo se consolida de um momento para outro. Para tanto, o ser humano precisa de auxílio durante sua caminhada.

Nesse sentido, o importante é ajudarmos a desenvolver o amor por Deus. Ele ama a todos individualmente, conhece cada detalhe de nossas vidas, até mesmo os pequenos, como quantos fios de cabelo temos. Mas Ele criou o ser humano com liberdade de escolha, então, o amor ao divino não é automático – é uma opção. É preciso orientarmos as pessoas a fazerem a melhor escolha: estar com Deus. Aqui, adentramos para um ministério especial: o do educador cristão.

2.1 Educador

Gabriel Chalita (2008) define o *educador* de forma belíssima:

> *Aos jovens e velhos professores, aos mestres de todos os tempos que foram agraciados pelos céus com esta missão tão digna e feliz. Ser professor é um privilégio, ser professor é semear em terreno sempre fértil e se encantar com a colheita. Ser professor é ser condutor de almas e de sonhos, é lapidar diamantes.*

Quando pensamos na missão do educador cristão, essa definição é perfeita. Ser professor é uma missão dada por Deus: ensinar dignifica e traz imensa felicidade (Quem nunca sorriu ou chorou de emoção ao ver uma pessoa crescer espiritualmente por seu auxílio?). O educador cristão é um condutor de almas e sonhos, e não apenas para o presente século, mas para a eternidade. Segundo Suárez (2005, p. 68): "A verdadeira educação significa mais do que a preparação para a vida presente; ela também se preocupa com o transcendente".

Algo que devemos destacar é a importância da **religiosidade do educador cristão**, pois somente Deus pode capacitar a pessoa que ensina as verdades bíblicas a agir claramente e a desenvolver resultados que honrem ao Pai. É preciso que o professor cristão tenha um grande amor por Ele e por Sua obra, pois tal afeto guiará suas palavras. Ao perceber tamanho amor por Deus, o educando se interessará mais naturalmente e buscará desenvolver o mesmo amor.

É preciso que o educador esteja constantemente em busca do aperfeiçoamento de sua espiritualidade. Para Suárez (2005, p. 76):

> *O professor é um dos grandes influenciadores da identidade e da fé dos adolescentes. É inegável a importância do educador. Na verdade, ele preenche um lugar de importância fundamental. O professor deve ser*

um cristão autêntico para ser visto por seus alunos como um modelo da graça cristã.

Suárez (2005, p. 78) ressalta que "informar e ser instrumento de transformação na vida de crianças, adolescentes e jovens não é tarefa simples. É, de fato, uma obra importante, para a qual o professor deve entrar com preparo cuidadoso e completo, pois quanto maior conhecimento possuir, melhor realizará o seu trabalho".

Naturalmente, nenhum homem é completamente bom, nem mesmo um exemplo para os demais o tempo todo; no entanto, quando o indivíduo percebe suas falhas e necessidades e compreende a importância de estar unido a Deus, então pode vir a torna-se um bom professor. Somente é possível amar quem se conhece; para haver um relacionamento real com os alunos, o professor cristão deve ter sempre em mente que Deus é a sua prioridade.

Para auxiliar os alunos em sua espiritualidade, cada professor precisa compreender o **tamanho de sua influência**. De acordo com Suárez (2005, p. 80): "Tão importante quanto as palavras do professor, é a sua postura diante da classe, especialmente no que se refere à questão emocional. Paciência, generosidade e compaixão são importantes, porque é assim que Deus lida com as pessoas".

A escolha de ser um educador cristão é muito pessoal. Cada indivíduo que se sentir "chamado" para esse ministério precisa estar ciente dos desafios. É preciso que a motivação parta da própria pessoa e que ela não dependa de estímulos externos e de reconhecimento para realizar um bom trabalho.

É de extrema importância, especialmente quando se trata do ensino de algo tão subjetivo e complexo como os valores cristãos, **saber ouvir e diferenciar**. Não se deve tratar os alunos como iguais, massificá-los, enfim, ignorar as diferentes realidades e interesses dos educandos. Conforme Greggersen (2002, p. 110):

> *Um dos grandes problemas que os educadores de hoje têm enfrentado, particularmente no ensino superior, é a massificação e a incapacidade de valorizar as diferenças e de aproveitá-las para a obtenção de resultados cada vez melhores. Esses problemas se devem sobretudo a uma "surdez" por parte dos educadores e dos responsáveis pela educação, que perderam a capacidade de simplesmente "ouvir" a realidade que está à sua volta.*

Outro ponto que o educador deve trabalhar diz respeito ao reconhecimento de seus limites. Qualquer livro, ao ser bem lido e estudado, pode ser compreendido plenamente, até que o pesquisador chega ao ponto em que não tem mais o que aprender do material. Com a Bíblia, o assunto é exatamente o contrário: pesquisador algum nunca chegará a um ponto em que possa afirmar saber tudo sobre as Escrituras: é um livro divino, que, quanto mais se estuda, mais fascinante se torna, e o leitor percebe o quanto tem por aprender.

Nesse sentido, o professor cristão deve reconhecer que não é o dono da verdade, pois somente Deus O é. Por mais formação e estudo que o educador detenha, ele não pode perder de vista sua pequenez: é bem-aventurado o humilde e pobre de espírito o individualista. Greggersen (2002, p. 114-115) assevera:

> *Por paradoxal que possa parecer, somente quando nos damos contas dos nossos próprios vícios e limitações é que passamos a resgatar a fé na vida e nos motivamos a buscar superação. Enquanto achamos que vencer obstáculos é uma questão de tempo, fechamos os ouvidos para a nossa vocação de sair de nós mesmos e adiamos o nosso dever de semear. Quando nos conscientizamos de que somos imperfeitos e incompletos, carentes de realização verdadeira, partimos para uma prática essencial fundada na realidade. E, no caso da educação cristã, temos um sólido*

paradigma, que é Jesus mesmo, o logos Criador e Perfeito, sem o qual a nossa a ação pedagógica não passará de vaidade.

A Bíblia ressalta a importância de **julgar**. Normalmente, esse julgamento é individual, pois cada pessoa deve analisar a si mesma. Uma frase que ficou conhecida através de Sócrates, mas que já era dita entre os gregos antes dele e estava escrita na entrada do Oráculo de Delfos, é: "Conhece-te a ti mesmo". Nesse sentido, Greggersen (2002, p. 120) afirma:

> *Não é certamente por acaso que educadores provenientes de contextos cristãos, como Paulo Freire, falam tanto em conscientização e libertação. Independente dos méritos teológicos desses autores, todo educador há de concordar que a educação, se não é alienadora, envolve um processo de conscientização. A falta de capacidade de se refletir sobre a sua prática docente está na raiz do já citado problema da falta de princípios norteadores.*

Certamente o educador precisa conhecer a realidade de seus educandos, seus dilemas e anseios; ele precisa ter intimidade com o conteúdo a ser explanado; mas, primeiramente, deve conhecer a si próprio, para poder reconhecer suas limitações e necessidades. Após realizado esse processo de autoconhecimento, então se iniciará a caminhada no sentido certo.

É necessário que o educador cristão tenha coerência. Ele deve buscar (com o auxílio divino) praticar aquilo que ensina. Um ditado sobre esse aspecto é: "Sua ação falou tão alto que me impediu de ouvir o que você diz". Realmente, são diversos os aspectos a que o educador precisa estar atento.

O professor cristão pode se assustar ao se deparar com a responsabilidade de sua missão, mas não é preciso ter medo. O essencial é lembrar que jamais estamos sozinhos, pois Deus estará sempre ao lado de cada educador cristão. Ele prometeu:

- "Porque Deus não nos tem dado espírito de covardia, mas de poder, de amor e de moderação" (Bíblia. II Timóteo, 1: 7).
- "Não temas, porque estou contigo; não te assombres, porque sou o teu Deus; eu te fortaleço, e te ajudo e te sustento com a destra da minha justiça" (Bíblia. Isaías, 41: 10).
- "Não temas diante deles, porque estou contigo para te livrar, diz o Senhor" (Bíblia. Jeremias, 1: 8).
- "Não to mandei eu? Esforça-te, e tem bom ânimo; não temas, nem te espantes; porque o Senhor teu Deus é contigo, por onde quer que andares" (Bíblia. Josué, 1: 9).
- "E pelejarão contra ti, mas não prevalecerão contra ti; porque eu sou contigo, diz o Senhor, para te livrar" (Bíblia. Jeremias, 1: 19).
- "Porque eu sou contigo, e ninguém lançará mão de ti para te fazer mal, pois tenho muito povo nesta cidade" (Bíblia. Atos, 18: 10).

2.2 Educando

Segundo o texto de Gênesis, no primeiro capítulo, versículos 26 e 27, Deus criou o homem segundo Sua imagem e semelhança – tal semelhança se verificava especialmente no caráter, mas, infelizmente, ela se perdeu. **Recuperar a semelhança divina** é um processo de toda uma vida, no qual há grandes descobertas e mudanças – o indivíduo precisa descobrir quem é e tomar grandes decisões para a sua vida, não apenas na sociedade de hoje, mas pensando em sua vida eterna. Nessa busca de identidade e objetivos, a espiritualidade encontra espaço na vida de todos, em algum momento.

O processo de ensino se inicia quando a pessoa ainda não pertence a uma igreja; quando algum professor leva o indivíduo às boas novas do Evangelho. O processo de evangelismo não é a preocupação deste material, por isso tratamos do discipulado após a conversão. Para tratar do processo de ensino e aprendizagem e compreender o educando, faremos uma pequena comparação, um paralelo entre o desenvolvimento espiritual e o processo de desenvolvimento humano.

A criança anseia por aprender e participar de tudo o que ocorre em sua volta; assim também são as "crianças espirituais": é normal um novo membro na fé envolver-se em tudo o que ocorre na sua comunidade. A própria Bíblia trabalha com o conceito de primeiro amor, o qual nunca deveria ser abandonado. O ponto a se pensar é: Como trabalhar com os novos integrantes da comunidade religiosa?

Deus é exemplo em tudo, inclusive em como ser um bom mestre. Assim, para ser um bom professor, é preciso trabalhar da mesma forma como Ele ensinou a humanidade. Quando a humanidade era espiritualmente imatura (como novos irmãos na fé), Deus trabalhava mais com aspectos concretos do que com os subjetivos. A espiritualidade é algo plenamente subjetivo, mas no início da caminhada as decisões são muito concretas, pois há mudanças no estilo de vida e abandono de alguns maus hábitos. Nesse momento, deve-se respeitar o estágio no qual a pessoa se encontra – o objetivo é ajudá-la a diagnosticar os aspectos de sua vida que precisam ser transformados. Os temas estudados devem ser bem próximos à realidade e aos desafios do educando.

Um segundo grupo encontrado nas comunidades de fé refere-se aos espiritualmente maduros, como se fossem os adultos. Nesse paralelo, não podemos pensar no tempo, como se fosse possível estipular que, após 20 anos de Igreja, alguém já é considerado maduro espiritualmente. Cada pessoa tem um ritmo de desenvolvimento espiritual, que não pode ser pontuado temporalmente – Deus ama e respeita cada pessoa e também seu tempo de maturação.

Os "adultos" espirituais devem ser alimentados, devem buscar crescer; afinal, o desenvolvimento espiritual nunca se encerra. Entretanto, nesse estágio, o enfoque deve se dar no envolvimento e no amadurecimento da comunidade, guiado pelos líderes da Igreja. Infelizmente, normalmente esse é o menor grupo nas comunidades de fé.

O terceiro grupo, a grande maioria, diz respeito aos irmãos que já são conversos, mas que não são completamente maduros em sua espiritualidade. Esse grupo será denominado *adolescentes espirituais*, pois é na adolescência que o indivíduo descobre e conhece o que vai além dele.

Para Raspanti (1997), a adolescência pode ser relacionada ao Êxodo. Para o povo de Israel, a saída do Egito foi uma conquista, mas a busca por autonomia não foi um processo fácil, pois o povo precisava entender suas limitações e suas contínuas dependências. O autor faz uma comparação com o desenvolvimento humano: o Êxodo, a adolescência, seria o início da autonomia e da responsabilidade do ser humano. Assim como o processo de consolidação de Israel como nação foi um longo aprendizado (cheio de erros e conflitos), o mesmo ocorre com a construção humana – sendo a adolescência exatamente esse período de aprendizagem, teimosia, erros e conflitos.

Podemos afirmar que essa transição acontece espiritualmente, uma vez que a pessoa que escolheu estar com Cristo e deixar o velho homem para trás (o Egito) precisa caminhar, e muito, até chegar à Canaã celestial. Nesse processo, o ser humano precisa individualizar-se, encontrar-se como um ser único, conhecer-se para compreender o que Deus espera dele.

O processo de conhecer a si mesmo e a Deus pode ser comparado à montagem de um quebra-cabeças. É como se o indivíduo tivesse de "montar a si próprio" – o objetivo final é montar-se completamente, mas é necessário colocar uma peça de cada vez. A pessoa precisa ter paciência para alcançar o propósito inicial que Deus determinou para cada um de nós, que é, segundo Tomás de Aquino (1980, p. 1029), "ser feliz encontrando algo que nos complete". Nesse sentido, Suárez (2005, p. 25) declara que formação da identidade é "um processo longo, lento e complexo, e acontece devido a mudanças contínuas e gradativas. [...] Amplia-se nas relações com outras pessoas, tornando-se cada vez mais abrangente até alcançar todas as esferas da humanidade".

A formação de identidade é um grande desafio – o que preocupa os "adolescentes espirituais" é como as demais pessoas o entendem. Segundo Erik Erikson (citado por Suárez, 2005, p. 27), durante esse processo existe um embate entre "quem achamos que somos vs. quem os outros podem pensar que somos ou estamos tentando ser".

Cada ser tem a necessidade de ser único, de ser valorizado por ser quem é. Assim, o "adolescente espiritual" precisa assimilar sua história como indivíduo, entender onde está inserido e quais são as possibilidades que pode desenvolver. Por meio de autoquestionamentos, as pessoas vão construindo sua identidade. Para Erikson (1998, citado por Suárez, 2005, p. 27),

> *Roupas e maquilagem, às vezes, podem ser convincentes, mas no final das contas é somente quando possuímos um senso genuíno de quem somos que mantemos os nossos pés firmes no chão e a nossa cabeça erguida, numa elevação da qual podemos ver claramente onde estamos, o que somos e o que representamos.*

Mesmo sem identidade definida, a "adolescência espiritual" é uma época durante a qual vivemos várias emoções ao mesmo tempo, emoções, especiais dessa fase, que dão lugar à maturidade e à formação de caráter, o que, para se consolidar de forma positiva, requer a mediação da comunidade da fé. Essa mediação se dá principalmente em forma de diálogo, voltado à estruturação de valores.

Em Provérbios e Eclesiastes, Salomão trata desta necessidade: a de o indivíduo buscar conhecer a si mesmo; esse é o grande ensinamento para o qual os educandos buscam respostas. O indivíduo precisa ser capaz de saber o que é bom para si, bem como o que lhe é impróprio, o que deve ser praticado e por quê. A pessoa deve ser capaz de decidir sozinha. Conforme Maria Cristina Griffa (2001, p. 35), "é importante destacar que a elaboração da identidade pessoal implica conseguir um equilíbrio entre a tendência a diferenciar-se, discriminar-se, separar-se dos demais (desapego) e a tendência a ser aceito, assemelhar-se, a igualar-se aos outros".

Segundo Peter Blos (1996, p. 101), a individualização pressupõe que "a pessoa em crescimento assuma cada vez mais responsabilidade sobre o que ela faz e pelo que ela é, ao invés de depositar sua responsabilidade no ombro daqueles sob cuja influência e tutela cresceu". Assumir a responsabilidade e os impactos das próprias ações não é tarefa fácil, mesmo que tal ação tenha sido positiva e o resultado alcançado tenha sido muito bom – muitos temem responsabilizar-se por suas ações.

Em suma, o educando é um ser que anseia por inúmeras respostas, as quais, em conjunto, lhe auxiliarão a desvendar o maior de todos os mistérios – quem sou eu e o que posso oferecer a Deus.

2.3 Fé e ensino

O educador cristão deve ter familiaridade com o que ensina, pois é importante saber estruturar didaticamente o conteúdo da Bíblia para os alunos. Conforme Terezinha Cruz e Maria Alice del Estal (1999, p. 30):

> *Fazer o aluno se sentir parte da Bíblia, em vez de aprender coisas sobre ela, é o desafio imposto ao educador da fé. Para isso, é claro, torna-se necessário que o professor se sinta em casa, quando pisa o chão da Bíblia. Só quem tem intimidade com a Escritura vai espontaneamente relacionar a vida e o texto bíblico e transmitir um entusiasmo capaz de levar os garotos a desejarem igual familiaridade com esse moderno livro antigo.*

Um suposto desafio é como deixar a Bíblia interessante – suposto, pois o interesse pela Bíblia é praticamente natural. Alguns canais de televisão perceberam isso e passaram a explorar a Bíblia, por exemplo. Independente dos motivos, é interessante perceber que agora muitas pessoas têm acesso e desenvolvem interesse pelas Escrituras Sagradas.

Voltando ao suposto desafio citado, muitos educadores cristãos não desenvolvem um programa concreto para que seus alunos venham a conhecer a Palavra de Deus. Cruz e Estal (1999, p. 25) destacam que:

> *Há também os que declaram religião é vida e, com essa fórmula, deixam de lado qualquer estudo sistemático para se basearem nos assuntos que, no momento, estiverem no foco nos jornais e na TV, ou na vida particular dos alunos. No trabalho com jovens, há professores que montam todo o seu plano de curso exclusivamente a partir de consulta feita aos alunos sobre os assuntos que achariam mais interessantes para debates.*

Embora seja importante trabalhar com os interesses dos alunos, o programa espiritual deve ser estruturado para ser coerente, de modo que haja um real aprendizado por parte dos educandos.

Muitos professores perguntam aos estudantes o que eles querem aprender em vez de criar uma sequência ao longo de um ano e de um ano para o outro. Ainda conforme Cruz e Estal (1999, p. 26): "O curso então vira uma concha de retalhos, um corpo sem espinha dorsal. [...] Muitos cursos para jovens, estruturados de acordo com esse princípio, acabam deixando desanimados professores e alunos, que não veem o resultado esperado e também não conseguem detectar falhas no processo".

É importante que, além de formar uma coluna dorsal na estrutura do ensino cristão, seja possível capacitar o professor a ter a linguagem certa para alcançar seus diferentes alunos. Cruz e Estal (1999, p. 20) enfatizam que:

> Quanto mais complicada for a exposição, quanto mais sisudo e inacessível for o vocabulário, maior profundidade atribuímos nós ao conteúdo. O nosso maior mestre da nossa fé era filho de carpinteiro. Ninguém falou com mais profundidade que ele. Hoje, os filhos de carpinteiros não seriam capazes de entender a maioria das pregações feitas em nossas igrejas ou nos textos dos nossos livros de religião.

A Igreja deve cobrar de seus professores responsabilidade e coerência no processo de ensino, para que todos percebam que Deus é coerente e respeita nossos limites. Para Suárez (2005, p. 77): "O papel do professor é ministerial e pastoral no sentido de que o professor é um agente de reconciliação".

Quando essas demandas forem atendidas, o modo de ensino será outro e o crescimento espiritual dos alunos será enorme. O resultado será grandioso, provavelmente só observável e mensurável no céu.

Questões para revisão

1. Cite cinco aspectos para os quais o educador cristão deve atentar.

2. Tendo em mente os inúmeros desafios que o educador enfrenta, responda: Ele deve desistir? Justifique sua resposta com um texto bíblico.

3. Qual é o maior questionamento dos educandos? O que esse profissional quer descobrir?

4. Monte um programa estudantil:
    a) Escolha um grupo de alunos (faixa etária, nível cultural etc.).
    b) Determine um objetivo que você pretende atingir com seu grupo de alunos.

capítulo três

Princípios metodológicos

03

Um dos instrumentos que busca responder à grande inquietude humana é a educação. Paulo Freire, um dos grandes nomes da educação brasileira, tinha mais que um método de ensino – ele desenvolveu uma filosofia de educação, marcada pelo grande objetivo que o educador tinha com o processo educativo: transformar os jovens e dar um sentido maior para as suas vidas, mediante a demonstração de como o indivíduo poderia ajudar ao próximo onde estivesse inserido (como você pode verificar na obra *Pedagogia do oprimido*). As similaridades entre o objetivo da educação e o objetivo da Bíblia são facilmente percebidas no pensamento do pensador recifense. Na Palavra Divina, encontra-se um quadro de referências de como o homem deveria agir e manter sua identidade – o ser humano é capaz de perceber que faz parte do amor de Deus ao se sentir incluído em um grupo bastante significativo.

Ao observar os dois mandamentos que resumem a Lei de Deus, em Mateus, capítulo 2, versículos 37 a 40, há de se perceber que Deus espera que o homem ame a Ele e ao seu próximo como a si mesmo. Paulo Freire já dizia que amar é um ato de coragem. Ensinar não é algo simples, pois requer planejamento e estudo; e para tanto é preciso buscar meios para que o processo educacional se desenvolva da melhor forma.

3.1 Interdisciplinaridade (o diálogo com outras áreas de conhecimento)

Para estudarmos um texto e transmiti-lo da forma mais completa possível, é necessária uma compreensão ampla do contexto em que o texto foi produzido. Quando discutimos o papel da espiritualidade, é preciso ter em vista o quadro completo do indivíduo e da sociedade. Ninguém consegue existir isolado, como se não fosse influenciado pela cultura. É preciso termos tal fato em mente quando estudamos o texto bíblico.

Façamos, por exemplo, uma comparação entre dois textos que relatam o mesmo acontecimento – o texto de II Samuel (que data de 600 a.C.) e o texto de I Crônicas (que é de 330 a.C.):

- "E a ira do SENHOR se tornou a acender contra Israel; e incitou a Davi contra eles, dizendo: Vai, numera a Israel e a Judá" (Bíblia. II Samuel, 24: 1).
- "Então Satanás se levantou contra Israel, e incitou Davi a numerar a Israel" (Bíblia. I Crônicas, 21: 1).

A diferença é o contexto: antes do exílio, o entendimento era de que tudo vinha de Deus, até mesmo o mal. Após o exílio, os hebreus percebem que Deus não origina o mal, pois permite que Satanás aja e respeita a nossa escolha. Ter essa informação clareia o entendimento do texto.

Para compreendermos o contexto histórico, é preciso irmos além do texto bíblico: é necessário buscarmos outras áreas do conhecimento humano, como história, geografia e filosofia. No entanto, para sabermos o período exato a pesquisar, precisamos conhecer bem o texto bíblico, ter a informação de quem é o autor, qual foi o tempo de escrita do texto, quem era o destinatário etc.

A questão é não termos medo de expandir o conhecimento de que dispomos – essa capacidade foi dada por Deus. Para isso, precisamos saber analisar os textos bíblicos de três formas:

1. **literária** (o que o próprio texto diz por si só ou no seu contexto literário);
2. **histórica** (os lugares, qual era o pensamento vigente, quais eram as necessidades);
3. **teológica**.

É claro que precisamos ter em mente ainda alguns outros aspectos:

- a Bíblia é inspirada por Deus;
- a Bíblia é norma de fé;
- a Bíblia é a palavra de Deus encarnada na história.

Além disso, o professor precisa fazer a relação entre os textos para perceber a unidade das Escrituras.

Além disso, também podemos observar que:

- Deus está presente na história;
- Deus não tolera a opressão e a injustiça;
- existe atualização da Palavra.

Com base nesses conhecimentos, podemos entender o que o autor bíblico quis dizer naquele momento, qual é a relação daquele texto com o todo da Bíblia e, por fim, pela influência do Espírito Santo, aplicar na prática o conteúdo das Escrituras.

É preciso que o professor bíblico tenha como objetivo suscitar a consciência da importância da palavra de Deus e dos estudos bíblicos na vida da Igreja. Ele deve ensinar como o educando deve ler, em vez de "mastigar" o conteúdo e entregá-lo pronto; deve levar seu aluno a desenvolver uma relação pessoal com as Escrituras Sagradas.

O educador cristão deve ser claro ao transmitir para seus alunos que a alegria só vem do encontro com a Palavra de Deus; que é preciso ver na realidade as dificuldades, mas sem se esquecer da esperança, de modo a levar o seu aluno a concluir que o cristianismo não é uma religião apenas escrita e muda, mas também encarnada (praticada).

3.2 Educar com sabedoria

Embora seja preciso incentivar o estudo bíblico, o ensino da Bíblia não é apenas racional. Nesse sentido, precisamos retomar o significado original do termo *logos* (λόγος). Trata-se de um conceito filosófico traduzido como "razão", tanto como a capacidade de **racionalização individual** quanto como um **princípio cósmico** da Ordem e da Beleza, considerando que o homem busca intensamente harmonia e tranquilidade em sua vida.

Assim, o conhecimento, para ser transmitido, precisa passar também pelo coração do professor. Uma inteligência sem coração é fraca, e o coração sem inteligência é cego. A união da inteligência com o coração é a sabedoria; o amor eterniza as coisas – neste mundo, tudo é passageiro; no entanto, quando se vive cada momento com amor, a eternidade começa sempre agora.

Há dois tipos de sabedoria:

- **Sabedoria prudencial** – Viver bem neste mundo, com os valores deste mundo.
- **Sabedoria em si** – Viver bem ligado à supremacia, à transcendência.

Há dois campos de competências: 1) a ciência, que é o saber comprovado empiricamente (a ciência moderna data do século XVII, enquanto a ciência clássica vem da episteme grega, que era um conhecimento demonstrativo); e 2) a sabedoria, cujo objetivo é o estudo do sentido supremo da vida – qual é o propósito da vida, no todo da existência.

Quadro 3.1 – Sabedoria e ciência: campos distintos

Campos de competência	
Ciência	Sabedoria
Problemas	Mistérios
Questões práticas	Questões existenciais
Solúveis (há solução)	Recorrentes
Fatos, fenômenos	Sentidos (o que motiva)/a diferenciação como se visse o invisível

(continua)

(Quadro 3.1 – conclusão)

Campos de competência	
Ciência	Sabedoria
Parcial	Total (existencial, preocupa-se com a vida, o ser)
Questões imanentes (deste mundo)/físicas	Questões transcendentes/metafísicas
Alcança o sucesso	Alcança a felicidade e a salvação
Explica	Justifica (faz compreender)

Há dois tipos de sabedoria:

1. **Natural** – Racional, não apenas a científica, mas resultado da observação e da vivência. Refere-se tanto à popular quanto à elaborada (filosófica ou proveniente de religiões orientais).
2. **Revelada** – Sobrenatural, a sabedoria revelada, a fé (cristianismo). Trata-se tanto da sabedoria concedida pelo Espírito Santo quanto da adquirida por meio de estudos.

Figura 3.1 – Tipos de sabedoria

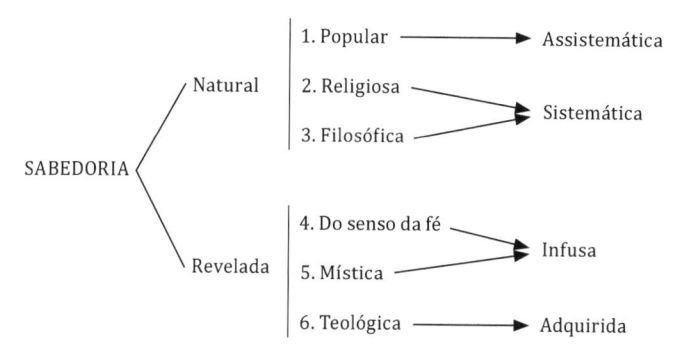

```
                          1. Popular ──────────► Assistemática
              ╱ Natural    2. Religiosa ╲
             ╱                            ──► Sistemática
SABEDORIA ──┤             3. Filosófica ╱
             ╲
              ╲            4. Do senso da fé ╲
               ╲ Revelada                     ──► Infusa
                          5. Mística        ╱

                          6. Teológica ──────────► Adquirida
```

Sabedoria é o saber das realidades supremas (finalidade e valores) e o saber prático – em outras palavras, sabedoria é **unir teoria e prática**.

O professor que versa sobre os conteúdos da Bíblia precisa ser sábio, pois sabedoria é ouvir a Palavra de Deus que leva o coração a arder: "E disseram um para o outro: Porventura não ardia em nós o nosso coração quando, pelo caminho, nos falava, e quando nos abria as Escrituras?" (Bíblia. Lucas, 24: 32).

São quatro as luzes que Deus concede ao homem. A primeira é a **luz exterior**, luz mecânica, que permite ao homem ver. Ela está a serviço do homem e abaixo do conhecimento filosófico. A segunda é a **luz inferior**, luz do conhecimento sensitivo, que apreendemos pela observação. A terceira refere-se à **luz interior**, que ilumina a verdade intelectual (o conhecimento racional – discurso; gramatical – ser capaz de escrever; lógica – ser capaz de explicar). E a última luz é a **luz superior**, luz da graça através da Bíblia. Ela transmite os valores essenciais: o que crer e como viver.

Paulo Freire (2007) dizia que o professor não deve ser neutro como um cientista nem frio como um intelectual. A teologia deve passar pela mente e pelo coração, ter conteúdo, clareza e amor.

Questões para revisão

1. Que áreas do conhecimento podem auxiliar o estudo da Bíblia? Justifique sua resposta com um exemplo.

2. Destaque quais características são necessárias para um professor desenvolver a sabedoria.

3. Complete o quadro a seguir com as diferenças entre ciência e sabedoria.

Campos de competência	
Ciência	Sabedoria

capítulo quatro

A Bíblia e a educação

04

Deus ama e sempre respeita os limites e potenciais de Seus filhos: Ele sabe como ensinar. Esse processo é o tema desta unidade – o processo de ensino e aprendizagem pelo qual passam diferentes fases da maturidade espiritual humana.

4.1 Processo de ensino e aprendizagem no Antigo Testamento

Quando tratamos de ensino e aprendizagem, precisamos ter em mente as fases do desenvolvimento humano. De acordo com Piaget (1991), elas são quatro: 1) sensório-motor; 2) pré-operatório; 3) operatório concreto e 4) operatório formal. O desenvolvimento espiritual também segue por etapas de amadurecimento. Tendo em mente esse paralelo, é mais fácil compreendermos por que Deus se revelou progressivamente, e não plenamente, em um único momento.

4.1.1 Estágio sensório-motor

Seguindo o pensamento piagetiano, a primeira fase do desenvolvimento cognitivo corresponde ao período sensório-motor, que ocorre do nascimento aos 2 anos de idade. Nesse momento, a criança apreende apenas o que está à sua volta de imediato (não pensa em longo prazo); demora um pouco a aprender com seus próprios erros (precisa repeti-los para realmente compreender que deve evitá-los); muitas de suas ações não são intencionais, como reflexos; aprende com suas ações, não por discursos. Segundo Fernanda Dias (2010, p. 112):

> *Neste período a atividade cognitiva do sujeito é de natureza sensorial e motora, tendo como característica a ausência da função semiótica (inicialmente não representa mentalmente os objetos). A ação ocorre diretamente sobre os objetos, o que irá possibilitar a atividade cognitiva futura. O período que finaliza este momento inicial já inicia a capacidade de representação.*

Ao fazer um paralelo, **os patriarcas** encontrar-se-iam nesse período. Não havia a Revelação especial ainda, tudo se dava de forma mais prática, mais concreta: "E aconteceu depois destas coisas, que provou Deus a Abraão, e disse-lhe: Abraão! E ele disse: Eis-me aqui. E disse: Toma agora o teu filho, o teu único filho, Isaque, a quem amas, e vai-te à terra de Moriá, e oferece-o ali em holocausto sobre uma das montanhas, que eu te direi." (Bíblia. Gênesis, 22: 1-2)

Também nos patriarcas percebemos a demora em aprender, pois eles repetiam os erros:

> *Quando estava chegando ao Egito, disse a Sarai, sua mulher: "Bem sei que você é bonita. Quando os egípcios a virem, dirão: 'Esta é a mulher dele'. E me matarão, mas deixarão você viva. Diga que é minha irmã, para que me tratem bem por amor a você e minha vida seja poupada por sua causa".* (Bíblia. Gênesis, 12: 11-13)

> *Abraão partiu dali para a região do Neguebe e foi viver entre Cades e Sur. Depois morou algum tempo em Gerar. Ele dizia que Sara, sua mulher, era sua irmã. Então Abimeleque, rei de Gerar, mandou buscar Sara e tomou-a para si.* (Bíblia. Gênesis, 20: 1-2)

Nesse momento, Deus ensinava na medida em que os homens podiam aprender – não havia escrita e a humanidade ainda era como um bebê em sua espiritualidade.

4.1.2 Pré-operatório

No desenvolvimento humano, a fase pré-operatória se estende dos 2 anos até os 7 anos. Nesse período, a criança é mais egocêntrica (está se descobrindo) e começa a compreender a função simbólica (por exemplo, imagens de "proibido fumar" e sinais de trânsito). Ela ainda tem dificuldade de compreender transformações (mesmo que esteja presente) e não é capaz de entender a reversibilidade, ou seja, pensa que, se algo mudou, não tem retorno. É nessa fase que também começa a surgir a linguagem, primeiramente oral e, logo em seguida, a escrita; embora consiga compreender além do imediato, sua compreensão maior ainda está ligada ao presente e a acontecimentos concretos. Além disso, na "fase dos porquês", a criança busca pela causa e efeito das coisas (já consegue ligá-los). Segundo Dias (2010, p. 112), a fase pré-operatória

> *Caracteriza-se pela elaboração da relação de causalidade e das simbolizações. Biaggio [...] destaca que a criança adquire a capacidade simbólica, reduzindo a dependência exclusiva das suas diversas sensações, bem como de suas ações motoras. Outra característica é o egocentrismo, quando o pequeno ainda não tem condições de colocar-se na perspectiva do outro.*

No paralelo com a aprendizagem espiritual humana, podemos afirmar que, ao caminhar com Deus, os patriarcas foram crescendo e a humanidade passou para a próxima fase do desenvolvimento. No processo de aprendizagem, estamos ainda no período dos patriarcas.

No início, a Revelação de Deus se dava apenas a uma pessoa específica – Deus se revelava mais individualmente, como a criança no pré-operatório, que é mais egocêntrica. Nesse momento, cada patriarca se descobria como filho de Deus e tinha uma preocupação mais particular (bem individualizada): "Mas Abrão perguntou: 'Ó Soberano Senhor, que me darás, se continuo sem filhos e o herdeiro do que possuo é Eliézer de Damasco?' E acrescentou: 'Tu não me deste filho algum! Um servo da minha casa será o meu herdeiro!'" (Bíblia. Gênesis, 15: 2-3).

No desenvolvimento humano, surge a compreensão de símbolos, dos quais Deus também se utiliza para ensinar:

> *E teve um sonho no qual viu uma escada apoiada na terra; o seu topo alcançava os céus, e os anjos de Deus subiam e desciam por ela. Ao lado dele estava o Senhor, que lhe disse: "Eu sou o Senhor, o Deus de seu pai Abraão e o Deus de Isaque. Darei a você e a seus descendentes a terra na qual você está deitado. Seus descendentes serão como o pó da terra,*

> *e se espalharão para o Oeste e para o Leste, para o Norte e para o Sul. Todos os povos da terra serão abençoados por meio de você e da sua descendência. Estou com você e cuidarei de você, aonde quer que vá; e eu o trarei de volta a esta terra. Não o deixarei enquanto não fizer o que lhe prometi". Quando Jacó acordou do sono, disse: "Sem dúvida o Senhor está neste lugar, mas eu não sabia!".* (Bíblia. Gênesis, 28: 12-16)

No início do ensino de Deus, havia o constante uso de símbolos: o sacrifício do cordeiro, o próprio Êxodo (com todo o seu simbolismo), o ritual do santuário e as festas. Nesse período, Deus já havia dado início à Revelação escrita; mas, como uma criança de 1º e 2º anos (6 e 7 anos de idade), que já começa a escrever a imagem e fala mais alto, a compreensão da humanidade relacionada ao concreto é melhor. Assim, embora já houvesse o registro, muito se aprendia pelo simbolismo de diversos rituais.

4.1.3 Operatório concreto

O operatório concreto é a próxima fase do desenvolvimento humano, que se dá dos 7 aos 11 anos. Nessa fase, a criança amadurece, mas ainda precisa do concreto para aprender. Ela passa a ver além de si mesma e se torna menos egocêntrica; já têm o domínio da linguagem; passa a estabelecer prioridades; e desenvolve a habilidade de agrupar. Para Gelson Luiz Daldegan de Pádua (2009, p. 32):

> *Como este é o estágio da inteligência operacional concreta, e como dito anteriormente se refere aos primórdios da lógica, a criança faz uso da capacidade das operações reversíveis apenas em cima de objetos que ela possa manipular, de situações que ela possa vivenciar ou de lembrar a vivencia, ainda não existe, por assim dizer, a abstração. Mas, estas*

operações, "enquanto transformações reversíveis modificam certas variáveis e conservam outras a título de invariantes". Percebe-se com isso um salto de qualidade essencial, uma diferença de natureza do estágio anterior no desenvolvimento cognitivo e mais uma vez sem um começo absoluto pois "o que é novo decorre ou de diferenciações progressivas, ou de coordenações graduais, ou das duas coisas ao mesmo tempo".

Na aprendizagem humana, na época do Antigo Testamento, conforme Deus ensinou e a humanidade veio a aprender, o ser humano amadureceu e seguiu para a próxima fase. Quando o povo de Israel se estabeleceu e surgiram os profetas para ensiná-lo, podemos considerar que houve uma mudança no processo de ensino e aprendizagem. O concreto ainda se faz presente – é comum observarmos ações simbólicas dos profetas na história: "Quando o Senhor começou a falar por meio de Oséias, o Senhor lhe disse: 'Vá, tome uma mulher adúltera e filhos da infidelidade, porque a nação é culpada do mais vergonhoso adultério por afastar-se do Senhor'" (Bíblia. Oséias, 1: 2).

Com a habilidade de estudo e aprimoramento, o registro para rever e estudar o que foi ensinado foi se aperfeiçoando.

Um acontecimento marcante nesse estágio é o abandono do egocentrismo, contudo, nem sempre a humanidade faz o que é esperado. Deus não cobra além da capacidade humana, mas nesse momento o homem deveria ser capaz de ver além de si mesmo. Um discurso forte dos profetas é pelo cuidado com os carentes: "O jejum que desejo não é este: soltar as correntes da injustiça, desatar as cordas do jugo, pôr em liberdade os oprimidos e romper todo jugo? Não é partilhar sua comida com o faminto, abrigar o pobre desamparado, vestir o nu que você encontrou, e não recusar ajuda ao próximo?" (Bíblia. Isaías, 58: 6-7).

4.1.4 Operatório formal

O quarto e último estágio do desenvolvimento humano é o operatório formal. Nesse ponto, os educandos têm entre 11 e 15 anos. Nesse momento, a pessoa torna-se capaz de se desprender do concreto; o adolescente já é capaz de pensar lógica e sistematicamente sem o apoio material. Também é capaz de criar conceitos e ideias, passa a viver mais em grupo e a tomar decisões coletivas; é capaz de refletir sobre a sociedade e deseja transformá-la.

Pádua (2009, p. 32-33) afirma que

> a principal característica desta fase consiste em poder realizar estas operações sobre hipóteses e não somente sobre objetos, ou seja, de agora em diante, a criança pode versar sobre enunciados verbais, isto é, sobre proposições. [...] Se por um lado este é o último estágio do desenvolvimento cognitivo, por outro, a designação "operações formais" indica que as pessoas, a partir deste estágio, "não pensam apenas operatoriamente, mas avançam mais e mais em direção a raciocínios formais e abstratos".

Espiritualmente, a humanidade pode ir para além do concreto, pois passa a se atentar para os discursos dos profetas e estuda textos passados. Aqui, supõe-se estar no período próximo do exílio, no exílio e pós-exílio. Nessa fase mais madura, a criança tem capacidade para discutir e argumentar, inclusive espiritualmente: "'Venham, vamos refletir juntos', diz o Senhor. 'Embora os seus pecados sejam vermelhos como escarlate, eles se tornarão brancos como a neve; embora sejam rubros como púrpura, como a lã se tornarão'" (Bíblia. Isaías, 1: 18).

4.2 Processo de ensino e aprendizagem no Novo Testamento

Continuando a analisar o processo de ensino e aprendizagem bíblico, adentramos agora o Novo Testamento. Tendo em vista que ao final do Antigo Testamento a humanidade já se encontrava no fim do processo de amadurecimento espiritual, tem início, segundo nossos paralelos, um novo modelo educativo.

No período do Novo Testamento, houve duas grandes mudanças, dois elementos que causaram grande elevação no conhecimento espiritual – a encarnação de Jesus Cristo e a atuação do Consolador. Antes de adentrarmos na atuação de Jesus e do Espírito Santo, precisamos compreender como estava a educação no momento histórico em questão.

Na época em que Jesus Cristo veio a nascer, o primeiro lugar de aprendizagem era o lar, uma vez que havia limitações para a participação de crianças nas sinagogas (antes de passarem pelo processo do *bar/bat mitzvah*[1]). Era em casa que ocorria a transmissão do conhecimento espiritual: havia os cultos familiares (como o de recebimento do sábado), nos quais se explicava muito da cultura espiritual dos judeus; ocorriam as festas (como a Páscoa e a

---

1 *Bar mitzvah* ou *bat mitzvah* é cerimônia realizada quando o menino (*bar*, "filho") ou a menina (*bat*, "filha") da religião judaica, ao completar 13 anos, demonstra que atingiu a maioridade religiosa por conhecer os ritos e os ensinamentos judaicos, aprendidos em casa. Desse momento em diante, o praticante da religião passa a ter a obrigação de cumprir os preceitos religiosos e pode participar dos ritos nas sinagogas.

instituída pela rainha Ester), nas quais muito se ensinava; e havia as orações e os cânticos (salmos), que também eram transmitidos e muito ensinavam. Quando atentamos para os diálogos de Jesus, mesmo com pessoas simples e sem formação, percebemos como elas conhecem a histórica bíblica:

- "A mulher disse-lhe: Eu sei que o Messias (que se chama o Cristo) vem; quando ele vier, nos anunciará tudo" (Bíblia. João, 4: 25).
- "Não diz a Escritura que o Cristo vem da descendência de Davi, e de Belém, da aldeia de onde era Davi?" (Bíblia. João, 7: 42).
- "Disse-lhe Marta: Eu sei que há de ressuscitar na ressurreição do último dia" (Bíblia. João, 11: 24).

É claro que poderia haver algumas confusões por falta de clareza na interpretação do texto ou mesmo por certa limitação da cultura familiar.

Além das casas, outro meio de ensino eram as sinagogas. Elas surgiram durante o período de exílio, pois, segundo Armstrong (1992, p. 19),

> *o exílio forçou os israelitas a deixar seu templo e sua terra santa, e desde aquela época embarcaram numa longa e árida jornada como nação e raça, tentando sempre manter sua identidade como povo de Deus. Ao encontrar-se na Babilônia sem o templo, sede da relação com Deus, os israelitas tiveram de encontrar uma alternativa para seu sistema religioso, que se concentrava no templo. Tal alternativa tomou a forma da sinagoga local.*

Podemos afirmar que as sinagogas surgiram entre V a.C. e III a.C. A diretoria da sinagoga era composta por duas pessoas eleitas: o presidente tinha a responsabilidade de dirigir o culto e de escolher quais pessoas participariam da leitura e da explicação do texto sagrado; o outro oficial era o servo, que anunciava a vez da pessoa que atuaria na adoração e guardava os rolos das Escrituras.

No culto, era necessária a presença de dez pessoas para a realização da adoração, quando ocorria a confissão a Deus, a oração, a leitura e o ensino. Para os judeus do século I a.C., o ensino fazia parte da adoração a Deus, por isso era visto como algo de grande importância.

Após o ministério de Jesus (que será analisado no próximo tópico), a redenção que Ele trouxe e sua ascensão como Cristo, ocorreu o derramamento do Espírito Santo, que traria conhecimento aos filhos de Deus:

- "Mas aquele Consolador, o Espírito Santo, que o Pai enviará em meu nome, esse vos ensinará todas as coisas, e vos fará lembrar de tudo quanto vos tenho dito" (Bíblia. João, 14: 26).
- "Mas, quando vier aquele Espírito de verdade, ele vos guiará em toda a verdade; porque não falará de si mesmo, mas dirá tudo o que tiver ouvido, e vos anunciará o que há de vir" (Bíblia. João, 16: 13).

Como a humanidade estava mais madura espiritualmente após todo o processo de aprendizagem do Antigo Testamento e com o recebimento do Espírito Santo, tornou-se possível trabalhar de forma bem mais subjetiva para ensinar esse novo perfil de aluno. Para Pazmiño (2006, p. 86): "Com a vinda do Espírito no Pentecostes, começou uma nova era de ensino que continua até os dias atuais. O apóstolo Paulo, juntamente com outros escritores do Novo Testamento, foi instrumento na exposição do papel educativo do Espírito e ao mesmo tempo um modelo, ele próprio, do ensino".

A presença habitante do Espírito capacitou os crentes a se apropriar do que Deus pode significar em nós para a educação no caminho do Pai.

Pouco percebemos de ação para ensinar de forma mais concreta no Novo Testamento, que está repleto de discursos e conselhos. Mesmo o livro de Atos, que retrata a atuação dos discípulos, conta com vários discursos.

Deus sempre respeita a cultura de Seus filhos; na trajetória que propusemos, agora estamos no período helenístico, marcado pela cultura grega, pelo questionamento e pela reflexão dos gregos. Não é mais preciso "alimentar" o povo espiritualmente apenas com "leite", pode-se servir algo mais substancial. Mesmo quando o ensino ocorria por meio de ações, como no caso da ceia do Senhor, a prática era simbólica e transmitia uma grande lição. Mas não podemos negar que "a verdade é revelada na vida da comunidade de fé por meio dos ministérios de proclamação, comunhão, serviço, defesa e adoração" (Pazmiño, 2006, p. 85).

Uma obra que testifica o processo de ensino no período da Igreja cristã primitiva é o *Didaquê* ou *doutrina dos doze apóstolos*. Essa obra é posterior à Bíblia, mas é um meio que revela a preocupação quanto à transmissão dos ensinamentos de Cristo (segundo alguns teóricos, essa obra data do final do século I d.C.; outros a datam mais posteriormente, no século III d.C.). Lazier (2010, p. 45) afirma que:

> *Este livreto se divide em 3 partes:*
> *Fala do caminho da vida e do caminho da morte; o caminho da vida consiste na prática das virtudes cristãs como amor, partilha, serviço, etc.;*
> *Apresenta os rituais praticados pela igreja, tais como: batismo, jejum e oração, Santa Ceia, etc.;*
> *Trata-se da organização da comunidade cristã. Ensina alguns princípios práticos para os missionários, profetas e mestres.*

Ao observarmos algumas práticas recomendadas pelo *Didaquê*, podemos afirmar que a cobrança advinda dos ensinamentos do Novo Testamento é mais completa e exigente. Para compreendermos e praticarmos tais lições, recebemos pleno auxílio do Santo Espírito. Para Pazmiño (2006, p. 84), "o Espírito Santo ilumina o coração e a mente dos que buscam entender as Escrituras, viver de acordo com ela e ensiná-la".

Com a revelação especial completa – a Bíblia Sagrada –, a autoridade encontra-se principalmente na palavra escrita. Nesse processo, o Espírito Santo esteve guiando não apenas o autor bíblico a escrever, mas também a manutenção, a transmissão e o fechamento do Compêndio Sagrado.

4.3 Cristo como modelo educativo

Certamente, o maior modelo educativo foi o próprio Cristo. Com Sua presença, temos por completo a revelação. Segundo Augusto Cury (2006, p. 13),

> *Se nas salas de aula (nos currículos acadêmicos) e nos lares se examinassem em profundidade as funções mais importantes da inteligência que Jesus trabalhou amplamente na personalidade dos seus discípulos, a humanidade teria sido outra. Teríamos formado uma casta de pensadores apaixonados pela vida que jamais descriminariam os seres humanos, membros da mesma espécie, seja pela cor da pele, raça, cultura, religião, seja pelo status social. Essa omissão foi uma grande perda.*

Jesus foi muito mais do que um professor comum – Ele foi muito maior. Entre Seus muitos afazeres estava o de ensinar, que ultrapassou o tempo e o esperado. Cury (2006, p. 21) declara: "Por que homens que nunca o viram ou nunca o tocaram – entre eles pensadores, filósofos e cientistas – disseram espantosamente, ao longo da história, que não apenas creram nele, mas também o amaram?".

- Claro que estamos descrevendo alguém inigualável. Não poderíamos jamais buscar ser iguais a Ele, pois Jesus foi único. Mas, como cristãos, devemos buscar ser **semelhantes** a Ele, amar como Ele amou e, pensando no processo de ensino e aprendizagem, ensinar como Ele ensinou.

4.3.1 Discipulado

Um dos meios utilizados por Jesus para ensinar foi o discipulado, que circulava pela cultura helenista. Deus sempre respeitou a cultura de Seus filhos. **Discípulo** é aquele que recebia disciplina ou instrução de outro, como um aluno. Também podemos afirmar que *discípulo* é a pessoa que adota uma doutrina – discípulo de Sócrates – ou que segue as ideias ou imita os exemplos de outro – discípulo de Tomás de Aquino.

Embora seja uma imagem mais aplicada biblicamente no Novo Testamento, uma história que nos auxilia a compreender o que era o discipulado encontra-se no Antigo Testamento, nas figuras de **Elias** e **Eliseu**. O primeiro chama o segundo para aprender com ele, na teoria e na prática, de forma vívida. Por isso, podemos afirmar que o discipulado trata-se de um processo de preparação, de transformação.

Segundo Lopes (2004, p. 126),

> *Joseph Henry Thayer define "discípulo" como aprendiz e um aluno que segue nosso ensino. Gehard Kittel, um erudito conspícuo da língua grega diz que "discípulo" enfatiza um relacionamento pessoal e indissolúvel*

entre o aluno e o mestre. Ele descreve um companheirismo interior entre os dois e seus efeito práticos. O discípulo está ligado de perto ao mestre.

Não devemos comparar essa definição com um discurso feito a um grupo grande em um único momento – isto não é discipulado. Embora Jesus estivesse cercado de muitas pessoas, tenha feito discursos para milhares, o discipulado se compunha de apenas 12 homens. Fazer discípulos significava orientá-los a fazer algo e depois refletir sobre a ação realizada:

> *Chamou a si os doze, e começou a enviá-los a dois e dois, e deu-lhes poder sobre os espíritos imundos.* (Bíblia. Marcos, 6: 7)

> *E João lhe respondeu, dizendo: Mestre, vimos um que em teu nome expulsava demônios, o qual não nos segue; e nós lho proibimos, porque não nos segue. Jesus, porém, disse: Não lho proibais; porque ninguém há que faça milagre em meu nome e possa logo falar mal de mim. Porque quem não é contra nós, é por nós. Porquanto, qualquer que vos der a beber um copo de água em meu nome, porque sois discípulos de Cristo, em verdade vos digo que não perderá o seu galardão.* (Bíblia. Marcos, 9: 38-41)

Nessa forma de ensino, o objetivo é preparar o aluno para que ele possa realizar um trabalho tão bom e grandioso quanto o do professor. No caso de igrejas, fazer discípulos é preparar os irmãos para a missão de ser um cristão, e não um mero ouvinte da palavra. Formar discípulos é ensinar a trabalhar sem se preocupar com a possibilidade de o discípulo ser até mesmo melhor que o professor. Trabalhar com discípulos é preparar mais ceifeiros, pois o campo é muito vasto. Nesse caso, o professor tem de saber dividir, ceder e delegar.

4.3.2 Parábolas

Outro método muito utilizado por Jesus para ensinar era a contação de parábolas. Algo que até hoje chama a atenção das pessoas são histórias bem contadas – quem nunca presenciou em uma igreja uma boa professora contar uma história para um grupo de crianças e fazer também os adultos (os demais participantes) ficarem atentos às histórias?

Uma história é um meio de chamar e prender a atenção dos alunos, pois eles anseiam para ver a trajetória da narrativa. Também é uma ferramenta que facilita a memorização de conceitos. Conforme Pagola (2011, p. 145):

> *A linguagem de Jesus é inconfundível. Não há em suas palavras nada de artificial ou forçado; tudo é claro e simples. Ele não precisa recorrer as ideias abstratas ou frases complicadas; comunica o que vive. Sua palavra se transfigura ao falar de Deus àquelas pessoas do campo. Precisa ensiná-las a olhar a vida de outra maneira.*

Ao observar as parábolas de Jesus, podemos facilmente perceber Sua preocupação em atingir os ouvintes: ele explorava o assunto pertinente por meio de imagens conhecidas e similares aos alunos. Pagola (2011, p. 145) expõe:

> *É toda a Galiléia que se reflete em sua linguagem, com seus trabalhos e suas festas, seu céu e suas estações, com seus rebanhos e suas vinhas com suas semeaduras e suas colheitas, com seu formoso lago e com sua população de pescadores e camponeses. Às vezes os leva a olhar de maneira nova o mundo que eles têm diante dos olhos; outras ensina-lhes a aprofundar-se em sua própria experiência. No fundo da vida podem encontrar Deus.*

Jesus foi o maior mestre que o mundo conheceu – através de uma história (parábola), prendia a atenção de Seus ouvintes. O acontecimento da narração era familiar aos alunos, razão por que a narrativa se tornava mais concreta e de fácil assimilação; tendo como base as realidades da vida, ensinava grandes verdades sobre Deus.

Cada vez que um dos ouvintes encontrasse a imagem que fora narrada, lembrar-se-ia da grande lição. Em uma sociedade agropastoril, na qual ovelhas e pastores não eram elementos raros ou incomuns, como não se lembrar do bom pastor, que não desiste de sua preciosidade ao ver um camponês com uma ovelha nos braços?

Pagola (2011, p. 147) ressalta que esse método de ensino já se fazia conhecido:

> Esta linguagem poética que Jesus emprega para falar de Deus não era totalmente desconhecida àqueles camponeses. Também Oséias, Isaías, Jeremias e outros profetas haviam falado assim: na poesia encontravam a força mais vigorosa para sacudir as consciências e despertar os corações para o mistério do Deus vivo.

Outro aspecto a ser ressaltado quanto às parábolas é o fato de Jesus aproximar as pessoas de Deus. Até então havia uma imagem de um Deus soberano, santo, poderoso e inacessível (especialmente pela imagem transmitida pelos mestres da lei no tempo de Jesus). Jesus afirmava que Deus conhecia cada aspecto da vida de Seus filhos: as alegrias (casamentos) e os anseios (trabalhos). Ele mostrava que a verdade não era um mistério obscuro, mas algo plenamente alcançável ao crente sincero.

4.3.3 Didática de Jesus

Jesus foi sublime em tudo o que fez e ensinou. Cada gesto, cada palavra era uma expressão do Seu amor. Alguém com Esse caráter não poderia ser fruto da imaginação humana. Cury (2006, p. 40) afirma que a "personalidade de Cristo é 'inconstrutível' pela imaginação humana." Logo, esse brilhante professor é sem dúvida o maior exemplo que existiu e poderá existir: Ele não ensinou de maneira formal, em uma escola clássica, mas ensinou a existir. Ainda nas palavras de Cury (2006, p. 103):

> *Na escola clássica temos de resolver os problemas da matemática; na da existência temos de resolver os problemas da vida. Na escola clássica aprendemos as regras gramaticais; na da existência temos de aprender a difícil arte de dialogar. Na escola clássica temos de aprender a explorar o mundo em que estamos, ou seja, o pequeno átomo da química e o imenso espaço da física; na da existência temos de aprender a explorar os territórios do mundo que somos. Portanto, a escola da existência inclui a clássica e vai muito além dela.*

Nessa citação, podemos observar diversos aspectos trabalhados por Jesus em Suas aulas de didática: como lidar com os problemas da vida, o valor do diálogo, bem como a importância de conhecer potenciais, limitações, qualidades e defeitos.

Jesus foi, em tudo, muito além do que se poderia esperar do homem. Cristo via além do imediato, e essa já é uma grande lição de didática: ver não apenas como o aluno se encontra hoje, mas vislumbrar como ele será após ouvir sua lição. Um primeiro e importantíssimo aspecto é ter bem claro qual é o objetivo desse ensinamento para onde se deseja encaminhar o aluno: Jesus sabia claramente o que queria transformar.

Um segundo aspecto é que Jesus não fazia diferenciação de importância ou do valor entre Seus alunos, pois Seu empenho era sempre o mesmo:

- Ao ensinar muitos: "[...] Assentaram-se, pois, os homens em número de quase cinco mil" (Bíblia. João, 6: 10); ou apenas um: "Veio uma mulher de Samaria" (Bíblia. João, 4: 7).
- Em momentos inconvenientes: "Este foi ter de noite com Jesus" (Bíblia. João, 3: 2).
- Ao dialogar com ricos: "E quando Jesus chegou àquele lugar, olhando para cima, viu-o e disse-lhe: Zaqueu, desce depressa, porque hoje me convém pousar em tua casa." (Bíblia. Lucas, 19: 5); ou com pobres.
- Falava com militares (Bíblia. Mateus, 8: 5); com pecadores (Bíblia. Mateus, 9: 10); com enfermos (Bíblia. Marcos, 2: 2) etc.

O que percebemos é que Jesus era capaz de moldar seu ensinamento ao aluno para que este fosse capaz de compreendê-lo; podemos perceber isso claramente quando pensamos na conversa com Nicodemos (doutor da lei – João, 3: 4) e na outra com a mulher samaritana (humilde e sem estudo – João, 4: 9).

Jesus estava sempre totalmente acessível aos seus alunos; ele não esperava que eles fossem bons o suficiente para Ele: "Deus se põe do lado deles não é porque o mereçam, mas porque precisam" (Pagola, 2011, p. 131).

Cristo demonstrou quais são as características indispensáveis para ser um excelente mestre. Segundo Cury (2006, p. 109): "Um bom mestre possui eloquência, mas um excelente mestre possui mais do que isso; possui a capacidade de surpreender seus alunos, instigar-lhes a inteligência. Um bom mestre transmite o conhecimento com dedicação, enquanto um excelente mestre estimula a arte de pensar".

Um pouco mais adiante, o mesmo autor destaca outros aspectos que Jesus espera encontrar na prática de seus professores:

"Era necessário investir em sabedoria, gerenciar os pensamentos nos focos de tensão, enfrentar o medo, usar os erros e fracassos como fatores de crescimento, reescrever sua própria história" (Cury, 2006, p. 129).

Quando é dada a missão de ensinar, o professor deve buscar ser imitador de Cristo, ensinar como Ele ensinou. Em outras palavras:

> As pessoas o chamam rabi, porque o veem como mestre. Não é apenas uma forma de tratá-lo com respeito. Seu modo de dirigir-se ao povo para convidar a todos a viver de outra maneira ajusta-se à imagem de um mestre e seu tempo. Não é só um profeta que anuncia a irrupção do reino de Deus. É um sábio que ensina a viver respondendo a Deus.
> (Pagola, 2011, p. 287-288)

Um bom professor busca ensinar seus alunos como viver respondendo ao amor de Deus.

Questões para revisão

1. Resuma a definição das fases de desenvolvimento espiritual e cite um caso bíblico para exemplificar:
   a) Sensório-motor:
   b) Pré-operatório:
   c) Operatório concreto:
   d) Operatório formal:

2. Complete a sentença a seguir:
   O primeiro lugar de aprendizagem era o _____, uma vez que havia limitações para a participação de crianças nas sinagogas. Outros meio de ensino eram as _____. Como a humanidade estava mais madura espiritualmente, após todo o processo de aprendizagem do Antigo Testamento e com o

recebimento do _____, podia-se trabalhar de forma bem mais subjetiva para ensinar esse novo perfil de aluno.

3. Como conciliar a frase "Mostrava que a verdade não era um mistério obscuro, mas plenamente alcançável ao sincero crente" com o texto bíblico de Mateus (13: 13): "Por isso lhes falo por parábolas; porque eles, vendo, não veem; e, ouvindo, não ouvem nem compreendem"?

4. Pensando na didática de Jesus, qual seria a definição de *bom professor*?

capítulo cinco

Desenvolvimento histórico da educação cristã

05

Até este momento, tratamos do processo de ensino e aprendizagem da Bíblia no período da elaboração da Revelação, ou seja, cobrimos apenas o período histórico que coincide com o período bíblico. Agora, adentraremos o período além da Bíblia, demonstrando como se dava o processo de ensino e aprendizagem da Bíblia nos primeiros séculos da era até o fim da Idade Média.

Ao adentrarmos na era atual, academicamente costumamos afirmar que ainda estamos no período do helenismo. É sabido que até o século V da era cristã havia vultosa produção cultural, após o surgimento da filosofia na Grécia, entre o final do século VII a.C. e o início do século VI a.C., e a partir de sua difusão pelo mundo conhecido de então – inserido no período helênico. Nessa época o homem passou a refletir sobre o mundo à sua volta de maneira mais racional, um pouco mais desligado da mitologia.

Com a chegada do cristianismo no século I da era cristã, o ser humano continuou a refletir e a questionar, mesmo sendo o sobrenatural o foco de estudos. Isso até o século VI – nesse momento, a Igreja se colocou como grande autoridade, não apenas religiosa, mas civil e acadêmica. Ocorreu então um decréscimo intelectual (em quantidade e liberdade de pesquisa) que caracterizou a **Idade Média**.

Durante o período medieval, a imensa maioria da população era iletrada e analfabeta. Margaret Wertheim (2001, p. 20) esclarece que, em virtude desse fato, as imagens eram utilizadas como método de ensino (ou domínio). Os poucos pensadores da época estavam diretamente ligados à Igreja e não contavam com espaço de livre questionamento e reflexão.

Gabriel Chalita (2008, p. 148) assevera que esse triste quadro do academicismo começou a mudar no século XIII, com a redescoberta da filosofia, especialmente nas instituições de ensino ligadas às ordens franciscana e dominicana. Nesse momento de mudança, os acadêmicos, praticamente todos religiosos, passaram a questionar a si mesmos – até que ponto eram capazes de unir a sabedoria humana (razão) à fé. A princípio, houve um consenso de que tal união não era possível. A tendência era escolher um dos extremos: ou somente a razão humana ou somente a fé.

Esse conturbado período da história cobre cerca de 15 séculos, do segundo até o décimo sexto. É um período agitado pelo número de iletrados que existia, pela dificuldade de acesso e pela limitação exercida pela Igreja sobre as reflexões e críticas. De forma didática, esse longo período pode ser dividido em três fases, no que se refere ao estudo da Bíblia. São elas: patrística, escolástica e Reforma Protestante.

5.1 Patrística

Na década de 1940, na Europa, surgiu um grande interesse pelas obras antigas do cristianismo, as quais eram conhecidas como a produção dos santos padres ou dos pais da Igreja. Não estamos falando dos apóstolos, mas dos cristãos atuantes do século II da era cristã. De acordo com Frangiotti (1995, p. 5), "nunca é tarde ou fora de época para rever as fontes da fé cristã, os fundamentos da doutrina da Igreja, especialmente no sentido de buscar nelas inspiração atuante, transformadora do presente".

Há dois termos principais que cobrem esse período: *patrologia* e *patrística*. **Patrologia** indica um foco maior no pai da Igreja (feito pelo teólogo de então) – estudava-se a vida, a obra e a doutrina desse pensador. Quando falamos da **patrística**, o foco é o pensamento, ou seja, "o estudo da doutrina, as origens dessa doutrina, suas dependências e empréstimos do meio cultural, filosófico e pela evolução do pensamento teológico dos pais da Igreja" (Frangiotti, 1995, p. 6).

Essa primeira fase do estudo bíblico, já sob a ótica cristã, cobre do século II até o VII. Os teólogos desse período, denominados *pais da Igreja*, foram responsáveis por estruturar o pensamento cristão; eles desenvolveram as doutrinas, a fé, a liturgia, a disciplina, os costumes e os dogmas respeitados e praticados na época.

O pensamento desses autores cobre um grande campo literário: cartas, sermões, comentários bíblicos, paráfrases, exortações, disputas (com os chamados *heréticos*), tratados teológicos estruturados em esquemas e categorias filosóficas e hinos. É belo notarmos as referências múltiplas que esses homens faziam à Bíblia – é dito que eles sempre estavam com a Bíblia em uma das mãos quando ensinavam (falando ou escrevendo).

Esses seis séculos podem ser divididos em três períodos: o dos padres apostólicos, o dos padres apologistas e o dos padres de meados do século IV até o final dessa época.

5.1.1 Padres apostólicos

Os teólogos do período patrístico são denominados *padres apostólicos* por estarem próximos (acredita-se que realmente tiveram contato) com os apóstolos de Jesus. Assim, estamos tratando apenas do final do primeiro e do segundo séculos. Destacaremos, agora, alguns autores principais desse período.

Primeiramente, o destaque é para **Clemente Romano**. Alguns o colocam como discípulo de Pedro, enquanto outros, como membro da família imperial dos Flávios. Há também os que o identificam como colaborador de Paulo: "E peço-te também a ti, meu verdadeiro companheiro, que ajudes essas mulheres que trabalharam comigo no evangelho, e com Clemente, e com os meus outros cooperadores, cujos nomes estão no livro da vida" (Bíblia. Filipenses, 4: 3). Dois sujeitos que reforçam essa teoria são Orígenes (185-253) e Eusébio de Cesareia (265-339). Clemente Romano é considerado o quarto Papa (de 88 a 97).

> *Citações de Clemente Romano*
>
> *"Sejamos bons uns para com os outros, conforme a compaixão e a doçura daquele que nos fez".*
>
> *"Como o temor de Deus é belo, como é grande e como salva aqueles que vivem santamente nele, de coração puro".*

> *"Não somos justificados por nós mesmos, nem pela sabedoria piedade ou inteligência, nem pelas obras que realizamos com a pureza de coração, e sim pela fé; é por ela que Deus Todo-poderoso justificou todos os homens desde as origens. A ele seja dada glória pelos séculos dos séculos. Amém."*
>
> Fonte: Frangiotti, 1995, p. 33; 40; 46.

Podemos destacar também **Inácio de Antioquia**, apesar de sabermos pouquíssimo de sua vida – não se sabe se sua formação era de família cristã ou se ele fora convertido durante a vida. Alguns o colocam como o segundo bispo de Antioquia (Eusébio de Cesareia). Foi preso em torno de 110, passando de prisão em prisão; nelas, ele escrevia cartas aos crentes. Após algum tempo preso (não se sabe o quanto), foi martirizado.

> **Citações de Inácio de Antioquia**
>
> *"Esforçai-vos para vos reunir mais frequentemente, para agradecer e louvar a Deus. Quando vos reunis com frequência, as forças de satanás são abatidas e sua obra de ruína é dissolvida pela concórdia da vossa fé".*
>
> *"Para mim, peçam apenas a força interior e exterior, para que eu não só fale, mas também queira; para que eu não só me diga cristão, mas de fato seja encontrado como tal".*
>
> Fonte: Frangiotti, 1995, p. 86; 104.

Passamos ao autor **Policarpo de Esmirna**. Sabe-se que ele era um pastor à frente de uma comunidade, mas não se sabe nada de sua origem. Tertuliano (160-220) afirma que Policarpo foi posto como bispo pelo próprio apóstolo João. Eusébio de Cesareia explica que ocorreu uma perseguição em Esmirna, quando Policarpo foi preso e martirizado; conta-se que quando entrou no circo para ser queimado, os pagãos gritavam: "Eis o doutor da Ásia, o pai dos cristãos, o destruidor de nossos deuses" (Frangiotti, 1995, p. 132). Seu martírio aconteceu em 155.

> **Citações de Policarpo de Esmirna**
>
> *"Ensinemos primeiro a nós mesmos a caminhar conforme o mandamento do Senhor".*
>
> *"Não sejam severos no julgamento, sabendo que todos nós somos devedores do pecado. Se pedimos ao Senhor que nos perdoe, também nós devemos perdoar, pois estamos sob o olhar do Senhor e Deus."*
>
> Fonte: Frangiotti, 1995, p. 141; 143.

Afora os autores mencionados, há dois documentos desse período que merecem ser comentados: *Pastor de Hermas* e o já mencionado *Didaqué*. O primeiro é tido como um dos documentos mais considerados da Antiguidade. Segue a estrutura apocalíptica para debater o direito do pecador ao perdão de seus pecados mesmo após o batismo. Por algum tempo, essa obra foi tida como inspirada, chegando a ser incluída no Novo Testamento por alguns dos pais da Igreja. Esse material foi produzido no século II e trata da importância da penitência.

Estima-se que a *Didaqué* (ou *Ensino dos doze apóstolos*, como também é denominada) tenha sido produzida entre os anos de 70 e 120 para instrução dos convertidos ao cristianismo. Aborda os preceitos morais, a organização das comunidades, a oração, o jejum, a administração do batismo (que era realizado em água corrente) e a celebração da eucaristia. Essa obra retém a simplicidade litúrgica que havia nas comunidades cristãs desse período; no Oriente, era tido como um livro inspirado.

5.1.2 Padres apologistas

A fase apologista da patrística cobre os séculos III e IV. A preocupação principal nesse período era defender o cristianismo da filosofia pagã. Entre os vários personagens desse grupo, destacam-se três, citados a seguir.

O primeiro é **Orígenes**. Esse brilhante pensador viveu entre 183 e 254 e era de família cristã. Segundo Michael Collins e Mathew Price (1994, p. 52), a morte de seu pai (Leônidas) o marcou muito. Orígenes foi um mártir em 202. Foi um estudioso de filosofia, baseando sua produção especialmente em Platão, além de ter sido exímio professor por 28 anos; estima-se que soubesse de cor boa parte da Bíblia. Embora fosse natural de Alexandria, sua atuação não foi permitida nesse local pelo próprio bispo da região. Orígenes, então, acabou atuando em Cesareia. Em 250 foi preso, mas não foi martirizado, no sentido estrito do termo – sofreu tão forte tortura que faleceu logo depois de ser solto.

> *Citação de Orígenes*
>
> *"Para tratar de tantas e tais coisas não basta confiar a sumidade deste assunto aos sentidos humanos e à inteligência comum, discorrendo, por assim dizer, visivelmente sobre as coisas invisíveis. Devemos tomar também, para a demonstração das coisas de que falamos, os testemunhos das Divinas Escrituras".*
>
> Fonte: Orígenes, 2015.

O segundo autor que podemos destacar é **Justino**. Embora fosse samaritano, não era de origem judaica. Sabemos disso pela apresentação do próprio autor à sua obra: "filho de Prisco, que o foi de Báquio, natural de Flávia Neápolis, na Síria Palestina" (Justino, 1995, p. 9). A cidade de Flávia Neápolis foi estabelecida sobre a cidade de Siquém. Ele nasceu em torno do ano 100 e se converteu ao cristianismo cerca de 30 anos depois; estima-se que sua conversão se deu pelo desencanto com a filosofia e pela coragem dos mártires. Sua atuação se deu prioritariamente em Roma, onde tão excelente formação cultural era necessária. Fundou uma escola e nela ensinou o cristianismo. Foi decapitado em 165.

Citação de Justino

"E Isaías, outro profeta, diz a mesma coisa com outras palavras: 'Levantar-se-á uma estrela de Jacó e uma flor subirá da raiz de Isaí; e as nações esperaram sobre o seu braço.' Com efeito, uma estrela brilhante se levantou e uma flor subiu da raiz de Isaí, que é Cristo. De fato, ele foi concebido, com a força de Deus, por uma virgem descendente de Jacó, que foi pai de Judá, antepassado dos judeus, de quem eu já falei; segundo o oráculo, Isaí foi o seu avô e Cristo, segundo a sucessão das gerações, é filho de Jacó e de Judá."

Fonte: Justino, 1995, p. 122.

Já **Tertuliano** foi um dos mais talentosos apologistas. Ele viveu entre 160 e 225. Nasceu em Cartago, estudou Direito em Roma e se converteu ao cristianismo aproximadamente no ano de 195. Foi um voraz defensor da fé e se preocupava muito em combater as heresias. Foi um dos primeiros teólogos a produzir em latim.

> **Citação de Tertuliano**
>
> "Colocamos isto ante vós como primeira argumentação pela qual insistimos que é injusto vosso ódio ao nome de 'Cristão'. E a verdadeira razão que parece escusar esta injustiça (eu diria ignorância) ao mesmo tempo a agrava e a condena. Pois que o que é mais injusto do que odiar uma coisa da qual nada sabeis, mesmo se pensais que ela mereça ser odiada? Algo é digno de ódio somente quando se sabe que é merecido. Mas sem esse conhecimento, por que se reivindicar justiça? Pois se deve provar, não pelo simples fato de existir uma aversão, mas pelo conhecimento do assunto."
>
> Fonte: Tertuliano, 2015.

5.1.3 Agostinho de Hipona

O período final da patrística cobre do século IV ao VII. Nesse período, buscava-se uma conciliação entre a razão e a fé. O grande nome desse período é **Santo Agostinho**, com sua influência platônica.

Agostinho nasceu em 13 de novembro de 354, em Tagaste, região próxima de Hipona. Filho de pai não cristão e de uma mulher devota de Mônica, tornou-se cristão após uma vida dissoluta. O processo de mudança começou quando esteve em Cartago para estudar. Nesse período, encontrou um diálogo de Cícero intitulado *Hortensius*, no qual é feita uma exortação à busca pela verdadeira sabedoria; para Agostinho, a leitura desse texto foi o guia para uma mudança de atitude e subsequente valorização da sabedoria.

Entretanto, o estudo do texto anteriormente citado e de outras obras não trouxe a paz almejada por Agostinho. Depois de dez anos vivendo em Cartago, Agostinho se mudou para Roma, passando por Milão, onde encontrou a filosofia neoplatônica e conheceu Santo Ambrósio. Tais eventos foram de grande influência para Agostinho, principalmente para sua conversão. Em 387, foi batizado cristão por Ambrósio e começou a difundir com ênfase toda a sabedoria cristã.

Como bispo, passou a trabalhar mais intensamente na divulgação da sabedoria religiosa. Esse movimento foi muito importante para a Igreja cristã, que nesse período não tinha uma estrutura consolidada. Ele elaborou um sistema filosófico com bases racionais para toda a doutrina cristã. Por esse movimento, Agostinho é considerado um dos principais doutores da Igreja.

> *Citação de Agostinho*
>
> *"Que és, portanto, ó meu Deus? Que és, repito, senão o Senhor Deus? Ó Deus sumo, excelente, poderosíssimo, onipotentíssimo, misericordiosíssimo e justíssimo. Tão oculto e tão presente, formosíssimo e fortíssimo, estável e incompreensível; imutável, mudando todas as coisas; nunca novo e nunca velho; renovador de todas as coisas, conduzindo à ruína os soberbos sem que eles o saibam; sempre agindo e sempre repouso; sempre sustentando, enchendo e protegendo; sempre criando, nutrindo e aperfeiçoando, sempre buscando, ainda que nada te falte [...] Quem me dera descansar em ti! Quem me dera que viesses a meu coração e que o embriagasses, para que eu me esqueça de minhas maldades e me abrace contigo, meu único bem!"*
>
> Fonte: Santo Agostinho, 2007.

5.2 Escolástica

No século VIII, o papa Leão III coroou Carlos Magno rei dos francos, o qual fundou e organizou escolas associadas à Igreja. Até aquele momento, a educação estava totalmente restrita aos mosteiros e a imensa maioria da população continuava analfabeta, ainda que começasse a haver espaço para a busca pelo conhecimento.

Esse período é denominado *Renascença Carolíngia*. As áreas de ensino envolvidas eram: gramática, retórica, dialética, geometria, aritmética, astronomia e música, tudo sob o olhar cuidadoso e controlador da Igreja. Um fato interessante é que, embora as escolas fossem totalmente associadas a essa instituição, não se estudava a Bíblia.

Nesse ambiente de renascimento cultural, surgiu a **escolástica**. No início do século XI, apareceram as primeiras universidades (Universidade de Bolonha, na Itália, e Universidade de Oxford, no Reino Unido). O termo *escolástica* surgiu em virtude desse ambiente.

No mundo universitário do século XIII, surgiu uma nova área de estudo, a Filosofia Grega e Romana, que estudava especialmente Aristóteles. Com a chegada da filosofia, não houve como a Igreja impedir os questionamentos que essa área do conhecimento trazia. Começou-se, inclusive, a se questionar a própria Igreja (John Wycliffe – professor em Oxford – foi considerado um pré-reformador, já no século XIV).

Os pensadores, nesse momento, entraram em conflito: muito do que a Igreja afirmava era sustentado apenas por sua autoridade (justificativa pela fé), e não havia espaço para o intelecto. Agora, porém, o ser humano voltava a usar seu potencial cognitivo, e a pergunta que estava na mente de qualquer pensador do período era: É possível conciliar a razão com a fé?

Esse profundo questionamento (que permeia a teologia até hoje) acompanhou todo o período da escolástica, que pode ser dividido em três fases:

1. A primeira fase compreende os **séculos VIII até o XII**. Pensava-se na perfeita harmonia entre a razão e a fé. Os grandes autores desse período foram: João Escoto Erígena (810-877), Anselmo de Cantuária (1033-1109), Pedro Abelardo (1079-1142) e Bernardo de Claraval (1090-1153).
2. A segunda fase corresponde do **século XIII ao início do século XIV**. Nesse momento, houve a elaboração de grandes sistemas filosóficos. Grandes nomes desse período foram Roger Bacon (1214-1294), Boaventura de Bagnoregio (1221-1274) e, o maior do período, Tomás de Aquino (1225-1274). Esse pensador foi reconhecido e muito admirado por sua capacidade de unir os extremos (razão e fé), tendo sido elogiado tanto por sua capacidade intelectual quanto por sua análise da fé. Para Tomás de Aquino, a razão está em primeiro plano – ele adentra para a fé somente quando não consegue explicar o ponto racionalmente.
3. A última fase, caracterizada pela decadência da escolástica, ocorreu entre os **séculos XIV e XVI**. Esse período foi marcado pelas disputas que realçaram a diferença entre fé e razão. Os principais teólogos desse período foram: João Duns Escoto (1265-1308), Guilherme de Ockham (1280-1349), Jean Buridan (1300-1358) e Nicolas de Oresme (1323-1382).

Com o fim da escolástica, podemos praticamente demarcar o fim da Idade Média. Segundo Gilberto Cotrim (2006, p. 120):

Grandes acontecimentos históricos marcaram a Europa nos séculos
XIII e XIV. Entre eles, estão: a Guerra dos Cem Anos, entre a França e
a Inglaterra; a epidemia da peste bubônica, que matou cerca de três

quartos da população europeia; o cisma definitivo entre as Igrejas do Ocidente e do Oriente, que, entre outros fatores, diminuiu a influência da Igreja Católica Romana sobre o poder temporal (o Estado) e sobre a população.

5.3 Reforma Protestante

Foi no período medieval que aconteceram as grandes mudanças relacionadas à estruturação do cristianismo. No entanto, foi também nesse período que ressurgiu a filosofia (e com ela a inquietação e o questionamento), que enfraqueceu a autoridade da Igreja medieval.

Em termos de mudanças religiosas relevantes, primeiramente houve o **cisma**, em 1054, que dividiu o cristianismo em Igreja Católica Romana e Igreja Ortodoxa. No entanto, a principal mudança, no que se refere ao estudo da Bíblia, foi a **Reforma Protestante**.

A Reforma teve início já no século XII com os primeiros grupos de estudos bíblicos – um deles, talvez o mais conhecido, é o dos **valdenses**. Os *pobres de Lyon*, como também eram chamados, foram reunidos em 1175 por Pedro Valdo, homem de origem rica, que se converteu ao cristianismo e vendeu boa parte do que possuía para financiar seu movimento. Uma das conquistas que seu dinheiro permitiu foi a tradução do Novo Testamento e de partes do Antigo Testamento para o provençal, língua em Lyon (sul da França) na época.

Os valdenses almejavam ter a Bíblia em mãos para estudá-la e clamavam para que o estudo na Igreja fosse realizado na língua popular. Foram expulsos da Igreja em 1184 e muito perseguidos. É interessante notarmos que, apesar da perseguição, eles estavam dispostos a ensinar a Palavra de Deus. Muitos fugiram para morar e estudar a Bíblia entre os Alpes no sul da França e Itália. Depois de devidamente preparados, os integrantes deixavam suas casas para ensinar, mesmo sabendo que muito provavelmente não voltariam a seus lares, pois estavam provavelmente destinados a serem mortos devido às perseguições. Conta-se que eles escreviam trechos da Bíblia e os costuravam em suas roupas; quando achavam oportuno, entregavam o papel a alguém com o objetivo de ensinar sobre o amor de Deus.

No século XIV, destacamos a atuação de John Wycliffe, professor em Oxford e estudioso das Escrituras, autor que passou a questionar alguns dos ensinamentos da Igreja. Um dos seus maiores desejos era levar a Bíblia para que o povo pudesse estudá-la. Em 1383, o autor fez a tradução da *Vulgata* ("Bíblia", em latim – era praticamente a única versão que havia) para o inglês, foi proibida pelo Sínodo de Oxford em 1408.

Embora houvesse muita perseguição, o texto chegou onde o autor não imaginava. Esse é um ponto que merece ser ressaltado – o ato de ensinar não ocorre apenas pessoalmente em uma sala de aula: a vida ensina, assim como os textos. Na sociedade brasileira, a leitura e os estudos são pouco valorizados e enfatizados. Em geral, os livros mais vendidos neste país são biografias, ao contrário de textos que objetivam algum modo de ensino. Mas, quando Deus está à frente, o autor não consegue mensurar até onde seu ensino pode levar. A Reforma ocorreu, assim, com base no estudo de uma população cuja imensa maioria era analfabeta.

Sobre a vida de Wycliffe, Alderi Souza de Matos (2011) relata:

> Quarenta e quatro anos após a sua morte, seus ossos foram exumados e queimados, sendo as cinzas lançadas em um rio. Muitos exemplares de seus livros e da sua tradução da Bíblia foram queimados – assim como alguns de seus seguidores. Surpreendentemente, apesar da intensa repressão, quase duzentas cópias dessa Bíblia sobreviveram até os nossos dias.

Os textos de Wycliffe caíram na mão de John Huss, mais um grande nome do movimento precursor da Reforma Protestante. Huss traduziu a produção de Wycliffe para a língua tcheca e ensinou a muitos através de suas aulas e sermões, até que foi proibido, excluído, perseguido e morto. Há quem diga até mesmo que ele cantou o hino grego *Kyrie eleison* ("Senhor, tem misericórdia") no dia 6 de julho de 1415.

O ensino da Palavra de Deus é tão importante que se pode afirmar que a Reforma Protestante nasceu na academia; apenas Pedro Valdo não era professor, diferentemente de Wycliffe, Huss e Martinho Lutero. Uma educação cristã correta muda indivíduos, suas famílias, suas comunidades e pode chegar ao ponto de mudar a história da humanidade.

A mensagem elementar da Reforma era a de que a Bíblia fosse a única regra de fé, uma vez que sua origem é divina. Esses professores, os **reformadores**, estavam dispostos a arriscar a própria vida pelo direito de ensinar a Palavra de Deus. Matos (2011) destaca:

> *Se a Bíblia é a Palavra de Deus, escrita para a instrução e o encorajamento do povo de Deus, todo cristão tem o direito e o dever de lê-la e estudá-la. Os reformadores conheciam os riscos envolvidos nesse princípio, mas mesmo assim resolveram assumi-los. Na questão crucial da interpretação bíblica, dois fatores foram importantes. Por um lado, insistiu-se no princípio da "analogia da Escritura", ou seja, de que a Bíblia se interpreta a si mesma. Um ponto confuso ou obscuro do texto deve ser aclarado por outros textos que falam sobre o mesmo assunto. Por outro lado, houve o entendimento de que "livre exame" não significava "livre interpretação", meramente pessoal, subjetiva, aleatória. Os reformadores foram os primeiros a dar o exemplo nesse sentido, levando em consideração o que havia de melhor na tradição exegética da Igreja Antiga.*

Deixamos as seguintes reflexões ao final deste capítulo: Como ler essa obra maravilhosa? Qual linha de interpretação devemos seguir para podermos transmitir seus conteúdos corretamente? Esse será o tema do próximo capítulo.

Questões para revisão

1. Quais são as três fases do estudo bíblico, que vão desde o início da era cristã até o fim do período medieval?

2. Dos pais da Igreja, os teólogos da patrística, qual lhe chamou mais atenção e por quê?

3. Quais são os teólogos de cada período da escolástica nos seguintes períodos:
   a) Século IX ao final do século XII:
   b) Século XIII ao início do século XIV:
   c) Século XIV até o século XVI:

4. Qual foi a maior aquisição e o maior tesouro que a Reforma Protestante proporcionou para a história do cristianismo?

5. O que os grandes nomes da Reforma Protestante tinham em comum?

6. Como se pode evitar o subjetivismo e a parcialidade na interpretação das Escrituras?

7. O princípio do "livre exame" das Escrituras é predominantemente positivo ou negativo para as igrejas protestantes? Justifique sua resposta.

capítulo seis

Linhas de interpretação bíblica

06

O texto bíblico tem um sentido fundamentalmente histórico, uma vez que foi transmitido por homens e mulheres em determinado tempo e contexto histórico. A Escritura não foi um mero ditado, no qual Deus falava e o indivíduo apenas anotava – o ser humano era envolvido pela divina mensagem e a transmitia em seu linguajar e por meio de seus costumes, sempre inserido em um contexto histórico.

Entretanto, o texto bíblico também tem um sentido espiritual. As palavras dos profetas traziam lições para o povo que as recebeu naquele tempo e para os leitores de hoje, afinal, mesmo milênios após os textos, sua relevância continua indiscutível, pois os profetas abordavam os problemas sociais – assim, com eles, é possível aprender como Deus se faz presente na história hoje. Para Robert Balgarnie Scott (1968, p. 27),

> o Deus deles não estava preso dentro da tradição das eras passadas de Moisés e Davi, assim como Deus não está preso dentro da tradição da era deles ou do primeiro século a.D. Ele é o Deus vivo operando não só nas almas dos indivíduos hoje, mas presente como árbitro final nas lutas e confusão de nossa vida social.

Como afirma Luis Mosconi (1996), os autores bíblicos questionavam, incomodavam e tiravam o sossego de todos – assim, será que não é justamente do despertar para a Palavra de Deus (que é eterna e sempre atual) que a sociedade pós-moderna precisa?

Ao lermos o texto bíblico, precisamos compreender e interpretar: "Assim, temos ainda mais firme a palavra dos profetas, e vocês farão bem se a ela prestarem atenção, como a uma candeia que brilha em lugar escuro, até que o dia clareie e a estrela da alva nasça em seus corações" (Bíblia. II Pedro, 1: 19).

Para uma leitura efetiva, é necessário compreender o profeta e seu texto como frutos de seu tempo, fugindo do "perigo de se esvaziar ou distorcer a figura do profeta" (Mosconi, 1996, p. 147). Apenas nesse sentido é possível firmar uma concepção de como Deus conduz a história humana, nas figuras de iniciador, mantenedor e redentor.

Para compreendermos as palavras bíblicas, podemos recorrer a algumas correntes de interpretação, que trazem abordagens teóricas diferentes e excludentes. Estudaremos, neste capítulo, duas principais correntes hermenêuticas: a **teologia liberal** e o **fundamentalismo**.

6.1 Teologia liberal

No ano de 1901, dois significativos livros de teologia foram publicados. Um deles chama-se *Reconstruction in Theology* (*Reconstrução na teologia*), de Emeritus Henry C. King, que foi presidente da Oberlin College de Ohio (EUA). O outro é intitulado *What is Christianity?* (*O que é cristianismo?*), do historiador eclesiástico Adolf von Harnack, que lecionava na Universidade de Berlim.

Em seus livros, esses autores trataram de um novo modelo de teologia para um novo século. Eles apregoaram a ascensão de um modelo mais moderno de reflexão cristã, que já estava em desenvolvimento no século XIX. Os estudiosos enfatizaram dois princípios básicos para uma nova e moderna configuração da teologia, sendo eles: a **necessidade de reconstruir o pensamento tradicional cristão**, considerando a cultura, a filosofia e as ciências modernas; e a necessidade de **encontrar a verdadeira essência do cristianismo**, deixando de lado certos dogmas tradicionais. Roger Olson (2001, p. 547) relata:

> *Para muitos teólogos acadêmicos de 1901, a teologia liberal parecia ser a tendência inevitável do futuro. Ela deixaria no esquecimento as centenas de séculos de ortodoxia seca e empoeirada e de tradicionalismo autoritário, bem como os constrangimentos das contínuas derrotas da teologia nos conflitos com a ciência moderna. Demonstraria que o cristianismo autêntico e a teologia válida não são contra o novo e o moderno espírito dessa era, mas trabalham a favor dele, visando a um mundo melhor para toda a humanidade.*

No mesmo ano da publicação desses livros, em 1901, vários teólogos da América do Norte e da Europa se uniram para se opor a essa forma de teologia, chamada então de *modernismo*. Olson (2001, p. 548, grifo nosso) ainda relata que "essa nova forma de tradicionalismo ortodoxo se tornaria conhecida como *fundamentalismo*". Os adeptos dessa corrente criticavam os teólogos liberais, porque tratavam de um discurso diferente do cristianismo, centrado **não em Cristo e na Bíblia, mas no racionalismo** e no humanismo. Ainda de acordo com Olson (2001, p. 548):

> *H. Richard Nieburh, da Escola de Teologia da Yale declarava que, na teologia liberal: Um Deus sem ira levou homens sem pecado para um reino sem julgamento pela ministração de um Cristo sem cruz. Na Europa o teólogo suíço Karl Barth (1886-1968) dirigiu a revolta neo-ortodoxa contra a teologia protestante liberal e desenvolveu a teologia mais influente do século XX.*

Apesar dos movimentos contrários à nova forma de leitura da Bíblia, no final do século XX houve um processo de pluralização da nova teologia. Os grandes nomes da teologia faleceram na década de 1970 e não houve quem os substituísse.

Essa nova teologia é profundamente marcada pela diversidade, pois existem versões evangélicas e católicas – a teologia do processo, a teologia da libertação, a teologia escatológica, entre outras. Mesmo diferentes entre si, não há uma disputa, pois elas são capazes de dialogar e respeitar a diversidade.

Muitos consideram que essa nova realidade é algo puramente positivo, mas não observam o esvaziamento da Palavra. **Tudo é posto como se não houvesse uma verdade absoluta**; assim, todos estão certos na sua forma de pensar e ninguém está errado. Essa corrente, ao tornar a Bíblia tão subjetiva, acaba no fim por diminuir sua autoridade.

Em um primeiro momento, a teologia liberal foi influenciada pela filosofia e pela ciência do Iluminismo do século XVIII. Nesse cenário, surgiram teólogos racionalistas, deístas, céticos, entre outros. A **razão** era a essência do pensamento iluminista, que foi o divisor de águas entre Idade Média e a Modernidade. Assim, a razão foi posta acima da tradição cristã que ela apregoava.

Nesse quadro de avanços irreversíveis e positivos da ciência moderna e da filosofia, havia somente dois caminhos para os teólogos: ou eles negavam completamente a ciência, trancando-se em uma tradição, ou, segundo Olson (2001, p. 551):

> *apesar de se tornarem totalmente modernos e mesmo de reconhecerem completamente as reivindicações da modernidade, [sua proposta] era permanecer na tendência dominante das denominações protestantes e suas ramificações e tentar transformá-las, reconstruindo sua teologia à luz dos conhecimentos modernos. Em outras palavras, esses pensadores protestantes liberais não seguiram o curso separatista do unitarismo, que rejeitava as doutrinas clássicas por contrastarem com o melhor da modernidade, mas simplesmente reinterpretariam as doutrinas protestantes clássicas, para que sua verdadeira essência se mostrasse compatível com a modernidade.*

Os teólogos pensavam que a humanidade havia avançado com o Iluminismo e que a própria existência do cristianismo dependia de sua atualização, para que a religião estivesse em harmonia com a melhor faceta da Modernidade.

A teologia liberal não se propõe a simplesmente negar os dogmas. Segundo essa linha de pensamento, eles devem ser reestruturados, pois a Modernidade trouxe uma nova forma de conhecimento e de interpretação da Bíblia. Nesse sentido, o texto bíblico foi encaixado no molde moderno – e o mais preocupante nisso tudo **é o fato de a fé ter sido simplesmente posta de lado ou retirada de cena**.

A teologia liberal afirma que a filosofia, a ciência e a erudição bíblica moderna apresentam novas informações de que os teólogos da Antiguidade não dispunham. Por conta disso, eles devem ser questionados. Anne Marie Pelletier (2006, p. 27) declara que, à época, "exigia-se a concepção de uma nova sabedoria a partir de outras bases e inspirando-se em outros modelos. A crise acentua-se na medida em que é simultaneamente questionada a velha cosmologia mosaica do texto bíblico em discordância com a visão do universo em vias de se construir".

Uma vez que a Modernidade teve uma fortíssima influência na teologia liberal, é interessante acentuarmos o que se configurou como *Modernidade* e como ela adentrou a teologia. Para Olson (2001, p. 554):

Alguns comentaristas a descrevem como disposição cultural, um conjunto de perspectivas e atitudes que durou de 1650 a aproximadamente 1950. Grosso modo, era sinônimo de iluminismo e de seus reflexos culturais posteriores. E está sendo supostamente suplantada pelo que se chama de pós-modernidade desde a década de 1960.

O pensamento iluminista moderno se concentrava na competência da razão humana e acentuava a necessidade de colocá-la antes da tradição e da fé (em importância e referência). Essa linha filosófica apregoava a uniformidade natural no lugar das intervenções sobrenaturais e declarava também que esse era o caminho do progresso inevitável, aliado à educação, à razão e à ciência.

Um dos grandes nomes do Iluminismo foi Immanuel Kant. Em uma de suas obras, *O que é Iluminismo?*, o autor resume o movimento histórico no imperativo *sapere aude,* que significa "pense por si mesmo". Para Kant, isso se aplicava a qualquer área do conhecimento, inclusive à religião– mas nem todos os filósofos iluministas aceitaram a filosofia da religião proposta por ele.

Georg Wilhelm Friedrich Hegel introduziu o conceito de Deus como aspecto fundamental da filosofia moderna. Isso significa, na prática, que não havia exigência na crença em algo que não fosse confirmado pela ciência moderna. Olson (2001, p. 556) nos diz:

O Deus de Hegel era plenamente imanente no mundo. Uma das máximas do filósofo era: sem o mundo, Deus não seria Deus. Deus e o mundo pertencem um ao outro e crescem juntos. A humanidade e a cultura humana são Deus chegando à autoconsciência, e Deus é o que a humanidade, na melhor das hipóteses, poderá chegar a ser.

As posições de Kant e Hegel foram debatidas, mas facilmente aceitas em um período em que se buscava uma teologia plenamente compatível com a razão e a ciência. Ambos influenciaram grandemente a perspectiva religiosa. Embora as teorias fossem diferentes entre si, elas não abriam espaço para a fé. A "ordem do dia" era que deveriam "ser excluídos todos os elementos irracionais que interferem com esse modelo calculável da realidade. Em consequência, todos os elementos irracionais da religião devem ser eliminados" (Tillich, 1999, p. 75).

Assim, percebemos novamente que não havia espaço para a fé e o sobrenatural, de forma que seria impossível que esse caminho não culminasse por negar grandes verdades teológicas.

Desapareceu o seu sentido simbólico. Em consequência, também desapareceu o seu oposto, não só o símbolo mitológico do céu, mas também a ideia da graça. A ação da graça vem de fora das atividades autônomas do homem. Kant achava que expressava algo heterônomo. Se vem de fora, destrói o poder autônomo do homem. O que sobrava era a religião razoável, como dizia Kant. Nesse tipo de religião dispensava-se a oração porque relacionava o crente com o que transcende. (Tillich, 1999, p. 76)

Como a teologia liberal não defende uma verdade absoluta, havia outras ramificações dentro dessa nova forma de pensar. No século XIX, surgiu o movimento denominado *romantismo*, como uma reação sentimental à supremacia da razão objetiva dos iluministas. Os românticos cultuavam os sentimentos – não as emoções irracionais, mas os anseios humanos profundos. Segundo Pelletier (2006, p. 57):

> Esta teologia é incontestavelmente marcada por um enfraquecimento que a fez emergir, no sentido estrito do termo, de uma autêntica fé cristã: a religião torna-se intuição do universo, embora Cristo guarde como único traço específico a intensidade de sua consciência de Deus. Mas, além dessas proposições pouco estimulantes, ele ocupa um lugar fundamental na eclosão da moderna hermenêutica.

Um dos maiores nomes dessa fase foi Schleiermacher. Para Olson (2001), esse pensador retirou a autoridade objetiva do centro da religião, substituindo-a "por *Gefühl*, uma palavra em alemão de difícil tradução. A tradução mais próxima seria consciência profunda" (Olson, 2001, p. 559).

Schleiermacher afirmava que dentro do ser humano há uma consciência de algo infinito, além do próprio eu, da qual o indivíduo sabe que depende. O autor chamou essa sabedoria de *religioso a priori* e declarou que essa característica humana é universal e intrínseca, como se o homem tivesse dentro de si uma espiritualidade, independentemente de cultura, costumes e momento histórico.

Essa percepção é uma bela compreensão da natureza humana e da necessidade da presença de Deus na vida de cada ser. Em 1821, foi publicada a obra suprema de Schleiermacher: *A fé cristã*. Nesse livro, o autor sistematizou sua base teológica, apresentando uma teologia cristã que seria uma alternativa para além da sugerida por Kant e Hegel. Essa teologia valorizaria o pensamento moderno e evitaria conflitos entre ciência e religião. Olson (2001, p. 559) declara que, segundo Schleiermacher,

A teologia cristã não era apenas uma reflexão sobre a revelação sobrenatural e divina, mas uma tentativa de colocar em palavras o sentimento religioso. O principal sentimento religioso no cristianismo é a consciência de ser totalmente dependente da obra redentora de Jesus Cristo no relacionamento com Deus. Essa é a essência do cristianismo, a total consciência de depender de Deus (ter consciência de Deus) e de Jesus Cristo como nosso vínculo com Deus.

Essa vertente teológica considerava que a maior autoridade para nortear a religião humana não era a razão, mas a experiência individual. Dizer que a Bíblia declara algo não é afirmar uma autoridade absoluta – estamos nos referindo ao registro das experiências religiosas das comunidades cristãs primitivas. Assim, essa corrente declarava que a Bíblia não era sobrenaturalmente inspirada e sem falhas. Olson (2001, p. 560) ressalva que "Schleiermacher relegava o Antigo Testamento a uma condição de irrelevância por acreditar que carecia da dignidade normativa".

Para Pelletier (2006, p. 168), somos chamados "a nos desfazer da ideia de um texto que traria em si, como propriedade intrínseca, um só e único sentido, objetivo e estável, ligado à intenção do autor, que o leitor devesse apenas recolher, como alguém que se debruça para apanhar um objeto".

Uma das críticas que podem ser feitas a essa forma de pensar é a subjetivação do texto bíblico e a desvalorização da revelação histórica e objetiva das Escrituras. Olson (2001, p. 560) ressalta que, de modo geral,

> no tocante aos milagres, os interesses gerais da ciência, mais especificamente da ciência natural, e os interesses da religião parecem convergir para o mesmo lugar, ou seja, devemos abandonar a ideia do absolutamente sobrenatural, porque nem uma única ocorrência sua pode ser conhecida por nós e nenhum lugar exige que a reconheçamos.

Algo que permanece dentro da teologia liberal, independentemente da corrente assumida, é a separação entre ciência e religiosidade, como se não houvesse um caminho no qual a fé (incluindo a aceitação da autoridade bíblica, de uma verdade central, da influência de Deus na vida humana) e a ciência (o racionalismo humano de modo exato e objetivo) pudessem andar lado a lado: há sempre uma separação.

Esses teólogos eram homem de religiosidade, que participavam dos rituais de suas igrejas, mas que, ao mesmo tempo, negavam a autoridade máxima da Bíblia. Proclamavam que a Modernidade se confrontava com o cristianismo tradicional e o modificava; mesmo o dogma das duas naturezas em Jesus não se sustentaria dentro dessa visão moderna. Olson (2001, p. 561) afirma que "Jesus era um ser humano exaltado, em vez de Deus encarnado no sentido tradicional. Está mais para o adocianismo do que para a crença na encarnação".

A teologia liberal deixou um grande legado, que pode ser visto no resumo da essência do cristianismo de Harnack. Esse autor distinguiu três grandes pilares da religião cristã apresentados por Jesus:

1. **O reino de Deus e sua vinda** – esse evento não estaria preso no tempo, como algo futuro que Deus realizaria, mas, sim, o governo de Deus no coração dos indivíduos.
2. O **valor da pessoa humana**, sem fazer diferenciação de raças ou classes sociais.
3. O terceiro pilar corresponderia à **justiça suprema centralizada no amor**.

Esse legado é de valor imprescindível, pois enaltece o ser humano e demonstra o amor que Deus tem por ele. É uma visão belíssima; contudo, para que esse amor seja completo, é necessária a presença da fé em Deus, afinal, só é capaz de amar quem conhece a Deus (Bíblia. I João, 4: 8).

Continuando o legado da teologia liberal, adentramos na interpretação dos textos bíblicos. Para uma hermenêutica mais completa, criou-se o método histórico crítico, que buscava verificar se realmente ocorreram os fatos narrados na Bíblia. Para essa verificação, recorria-se a fontes documentais extrabíblicas: historiografia, arqueologia, antropologia, linguística e crítica literária. Valter Luiz Lara (2009, p. 44) nos explica:

> *O método histórico-crítico foi pioneiro nessa aproximação da Bíblia com a ciência. A Bíblia tornou-se objeto de análise histórica e literária, como qualquer outro documento do mundo antigo. Libertando-se do caráter sagrado dos conteúdos admitidos como verdades absolutas, o método histórico-crítico propôs estabelecer as reais origens históricas do texto, em suas fontes e autores de fato, e não aceitar de antemão a autoria atribuída pela tradição.*

Dentro do método histórico-crítico, alguns itens devem ser ressaltados. O primeiro é a **crítica textual**, que prioriza, dentro do trabalho exegético, a delimitação da unidade textual que será estudada e busca uma maior aproximação ao texto original.

Além da crítica textual, na qual há delimitação do texto a ser investigado, caminhamos para a **crítica literária**, que analisa os aspectos formais e estruturais do texto, de modo que os gêneros ou as formas literárias mais características sejam identificadas. Por fim, chegamos à **crítica de redação**.

De acordo com Lara (2009, p. 48),

> *a crítica da redação depende da crítica literária. A conclusão de que o texto é composto por diversos estilos e formas diferentes de escrever, de acrescentar, de omitir ou corrigir alguma sentença mais obscura,*

denuncia uma história do texto que é preciso ser construída. Esta é a tarefa da crítica redacional: mostrar o trabalho dos redatores e suas intenções ao copilarem fontes orais ou escritas provenientes da tradição. Isso significa examinar a história do texto, desde sua origem nas tradições orais da comunidade que preservou a memória do que foi escrito.

Quando negamos a autoridade e a inerrância bíblica, surgem alguns conflitos para a compreensão dos textos. Afinal, no caso dos profetas, ao retirarmos o contexto histórico do texto, como podemos saber de que forma surgiram os livros proféticos? A esse respeito, Werner Schmidt (1994, p. 169) declara:

Esta questão, que em determinadas épocas provocou uma discussão violenta, deve formular-se individualmente para cada livro profético e, na maioria das vezes, não encontrará resposta inequívoca [...]. Vez por outra encontramos referências (principalmente Jr 36) que indicam que os próprios profetas (cf. Is 8,1; 30,8) já escreviam parte de suas mensagens ou faziam com que fossem anotadas por um escriba (cf. Jr 36,4). Corrobora esta tese, além das diversas narrativas na primeira pessoa, que devem ser atribuídas ao próprio profeta (como Am7; Os3; Is6 e outras), também a forma poética, rigorosamente dentro da métrica em que a maioria das palavras proféticas se conservou, de modo que em muitos casos ainda é possível distinguir entre a formulação original e a redação posterior.

No entanto, outra parte, provavelmente a maior, foi copilada por discípulos ou seguidores. Raramente se fala desse grupo, mas sua atividade é inferida pela teologia liberal. Os adeptos dessa interpretação da profecia afirmam que as palavras proféticas foram copiladas e reunidas posteriormente e declaram que os livros proféticos não são de autoria do próprio profeta, mas se formaram ao longo de um processo (Schmidt, 1994, p. 170).

Tendo essa premissa em vista, como investigar o contexto sociopolítico do texto se não podemos afirmar o tempo em que ele foi redigido? Como compreender a visão transmitida pelo texto se é praticamente impossível conhecer o escritor?

Numa análise metodológica rigorosa a busca pelo genuinamente profético dever-se-ia orientar pelo critério de que apenas é autêntico aquele material que pode ser compreendido única e exclusivamente a partir das circunstâncias concretas do tempo de um determinado profeta. Além disso, é necessário ainda apontar que há entre as diversas palavras supostamente autenticas a mesma intenção específica, própria do referido profeta (W. Schottroff, ZThK 67, 1970, p. 294). Embora um princípio deste tipo pareça ser bastante óbvio por sua coerência metodológica, é difícil aplicá-lo concretamente. (Schmidt, 1994, p. 173)

A grande crítica a essa corrente é a separação entre a razão humana e a fé. Ao pensarmos o ser humano como criado à imagem e semelhança de Deus, é inevitável incluirmos entre suas características a inteligência. Mas a história também demonstra a espiritualidade inerente ao homem. Nunca houve uma civilização em que não houvesse a crença no sobrenatural. O ser humano tem em sua essência a racionalidade e a fé.

Não é preciso separarmos os dois fatores para compreendermos o texto bíblico. Uma compreensão mais completa e satisfatória é o resultado da união entre a mente e o coração, e aquele capaz de realizá-la é um verdadeiro sábio.

6.2 Fundamentalismo

O fundamentalismo surgiu no Ocidente cristão como uma consequência à Modernidade. Veio para opor-se a ela, principalmente aos aspectos da ilustração e do liberalismo. Segundo Juan José Tamayo (2009, p. 236), com a concepção teórica trazida pela modernidade "não havia lugar nem para o mistério nem para a religião".

O modernismo trouxe uma nova interpretação da realidade. Através da leitura de Kant, surgiu a ideia de que as normas morais não dependiam de uma religião. Darwin também trabalhou com uma possibilidade para o surgimento e o desenvolvimento humano alheio a um criador; Marx ressaltava que a religião era o ópio do povo; Freud apresentou a ideia de que a sexualidade movia todas as atitudes humanas. Para Nicholas Lossky (2005, p. 554), "esta gama de visões passou a ser olhada sob o termo pejorativo geral de modernismo. O Papa Pio X julgou que isso era a síntese de todas as heresias".

Nos Estados Unidos, grupos de cristãos conservadores (formados principalmente por professores de Teologia da Universidade de Princeton), no início do século XX (entre 1909 e 1915), publicaram, em Chicago, uma série de textos com o título *The Fundamentals: a Testemonium to the Truth* (*Os fundamentais: um testemunho em favor da verdade*). O material foi produzido em larga escala (3 milhões de exemplares) e "expôs as doutrinas fundamentais sobre as quais a fé tradicional não deve permitir dúvidas ou adaptações" (Latourelle; Fisichella, 1994, p. 331). Do título dessa série surgiu o nome desse movimento, no último terço do século XIX, liderado por grupos cristãos conservadores.

Segundo Walter Elwell (1990, p. 187), os fundamentalistas surgiram para defender o cristianismo dos "desafios da teologia liberal, da alta crítica alemã, do darwinismo, e de outros pensamentos considerados danosos para o cristianismo". O fundamentalismo se opôs à Modernidade, partindo de uma perspectiva histórico-crítica, que propunha um método inovador para interpretar os componentes da fé, principalmente os textos bíblicos, segundo Alejandro Macho e Sebastián Bartina (1964, p. 632). Na visão do fundamentalismo, de acordo com Martim Dreher (2006, p. 453), há verdades que são intocáveis e que não devem ser submetidas à ciência e à relativização dos termos, como:

> *a inspiração verbal, literal, da Bíblia; a afirmação da verdadeira divindade e do nascimento virginal de Jesus, seu sacrifício expiatório vicário, através de seu sangue derramado, e de sua ressurreição corporal; a segunda vinda de Cristo à terra, na época vista como iminente com sinais apocalípticos ou com o retorno para o reino milenar, intermediário; negativa de aceitação dos resultados da ciência moderna, quando não correspondiam ao que designava a fé bíblica; exclusão do status de verdadeiro cristão de todos aqueles não aceitavam o fundamentalismo.*

De acordo com Jacques Attali (1998, p. 124), o fundamentalismo procura responder, "através de palavras de ordem simples e coerentes, ao desmoronamento do sentido que afeta as sociedades e os indivíduos, e exige o direito de controlar e de canalizar cada pormenor da ação dos homens". Para José Antonio Jorge (1999, p. 206), são algumas características gerais desse movimento:

> *a) o totalitarismo; tudo o que está escrito deve ser tomado em seu sentido literal; b) tradicionalismo; o correto é o que existia no passado (aversão ao que é novo); c) autoritarismo: há sempre alguém para dizer o que é certo e errado; d) fanatismo: cria comportamentos extremistas; e) desconfiança no que é temporal e terreno, mas salientam a importância para contribuir para as necessidades da Igreja (verdade sociológica: todo sistema fechado está sujeito à estagnação).*

Teologicamente, o fundamentalismo tinha como base uma interpretação que, apoiada na inspiração verbal, admite o texto bíblico como uma revelação completa e sem erros da vontade de Deus. Mas, de acordo com Latourelle e Fisichella (1994, p. 332), isso não significa afirmar que o texto sagrado foi "um ditado literal do Espírito Santo, mas, antes, na total coerência e autoridade da Bíblia, que se automanifesta em seu conjunto e em cada uma de suas partes".

Essa corrente afirmava a atualidade dos textos bíblicos, que se sustentavam em conjunto e unidade, revelando a salvação em Cristo. O cristianismo era percebido como a conversão e a aceitação de Jesus Cristo como Senhor e Salvador pessoal. Seus autores se esforçaram para seguir um código moral na vida pessoal e familiar. Assim, para Latourelle e Fisichella (1994, p. 332), "àqueles que confessando seu próprio pecado e sua impotência, decidem aceitar a Jesus e abrem sem reservas sua vida a seu poder e a sua guia, para cumprir a santa vontade de Deus".

Com essa visão, o fundamentalismo interpretava a Bíblia através de seus próprios textos, sem espaço para averiguação do contexto histórico-político-social para entender o porquê do texto. Assim, havia uma desvalorização da cultura do homem, de sua capacidade de investigação e entendimento, como se fosse necessário fazer uma escolha – ou se é adepto da fé ou da razão.

Quando surgiu, o fundamentalismo encontrou espaço em um grande número de denominações, como *batistas*, *presbiterianos*, *discípulos de Cristo* e *adventistas*. Em 1919, criou-se, nos Estados Unidos, a World's Christian Fundamentals Associations (Associação Fundamentalista Cristã Mundial), que organizava reuniões em muitas cidades setentrionais dos Estados Unidos da América (EUA).

Mas o tempo foi passando e muitas denominações sentiram a necessidade de abandonar o fundamentalismo. Esse fenômeno pode ser observado pela diminuição dos membros da Eclof (Ecumenical

Churc Loan Fund[1]) – em 1989, havia 59 membros, enquanto em 1990 apenas 38.

O fundamentalismo que se mantém hoje segue a ideia de que é preciso cuidar com a falsa autonomia que leva ao autonomismo, pois isso levaria à independência completa de Deus. A autonomia autêntica somente Deus pode garantir; ao se desligar de Deus, o homem se prende ao pecado e perde a sua liberdade, de modo que a dignidade e a liberdade das pessoas perece.

> *E, eis que cedo venho, e o meu galardão está comigo, para dar a cada um segundo a sua obra. Eu sou o Alfa e o Ômega, o princípio e o fim, o primeiro e o derradeiro.* (Bíblia. Apocalipse, 22: 12-13)

O fundamentalismo afirma que o homem busca a felicidade e que ela só pode ser alcançada quando o ser humano for capaz de confiar plenamente em algo. Seus apoiadores defendem que na vida é preciso confiar, porque sem confiar em Deus ninguém vive de forma feliz. É preciso ter fé na proteção e no cuidado de Deus, o que não significa negar a capacidade humana. Um exemplo bem radical que demonstra que é possível acreditar em Deus e na capacidade que Ele concedeu ao homem é a **história do dilúvio**. O instrumento da salvação – a arca – foi feito por homens e se manteve seguro em meio à gigantesca tempestade pela proteção de Deus; mas o processo de salvação se deu como resultado conjunto de Deus e do homem.

A Bíblia destaca que o sentimento de maior importância para a vida é o amor: não o amor próprio, mas quando seguimos o mandamento do amor a Deus – "Amarás, pois, o Senhor, teu Deus, de todo o

---

1 Esse órgão foi fundado em 1946, na Suíça, para capacitar os cristãos a ajudar as igrejas da Europa após a Segunda Guerra Mundial. Nessa instituição havia um fundo rotativo para ser desembolsado em forma de empréstimo.

teu coração e de toda a tua alma, e de toda a tua força. Estas palavras que hoje te ordeno estarão no teu coração" (Bíblia. Deuteronômio 6: 5-6) – e ao próximo: "amarás o teu próximo como a ti mesmo. Eu sou o Senhor" (Bíblia. Levítico, 19: 18).

O fundamentalismo proclama que, para o ser humano amar da forma correta e plena, é preciso que Deus complete aquilo que no ser humano há de incompleto.

Em uma cultura em que se valoriza o estudo e a investigação científica, a visão fundamentalista soa muito ingênua. Ao fazer um discurso que não pode ser comprovado empírica e metodicamente, a aceitação de suas "verdades" cabe apenas à fé dos adeptos da corrente.

6.3 A terceira alternativa

Na realidade, não há uma terceira alternativa. O que é necessário é saber como utilizar-se dos aspectos positivos da teologia liberal (a preocupação com um estudo mais sistematizado do texto) e da beleza do envolvimento da fé humana em um Deus que participa do cotidiano de suas criaturas. Na verdade, seria necessário unir os dois aspectos, assim, a informação bíblica passaria pela mente humana e por seu coração. Para Tillich (2007, p. 287-288),

> *O ser humano sempre será humano, submetido a Deus. Mas não pode estar sob Deus de tal maneira que deixe de ser humano. Para descobrir um novo caminho além dos antigos caminhos da síntese, estou empregando o método da correlação. Procuro demonstrar que a mensagem cristã é a resposta a todos os problemas envolvidos no humanismo autocrítico; é o que chamamos hoje de existencialismo. Nada mais é do que um humanismo que se autoanalisa. Não se trata, pois, de síntese nem*

de diástase, não é identificação nem separação; trata-se de correlação. Acredito que a história toda do pensamento cristão indica essa direção.

Haus LaRondelle (2003) declara que, para uma interpretação teológica ser válida, é importante valorizar o significado original para, por meio dele, aplicá-lo, mantendo a validade dos princípios gramático-históricos e teológicos da exegese. Assim, o ideal seria não depreciar a interpretação literal ou histórica, mas justamente basear-se na exegese histórica da interpretação para compreender mais profundamente os atos de Deus.

É preciso termos em mente que os autores bíblicos (muitos deles profetas) eram como professores para seu povo, homens que queriam aperfeiçoar o povo de Deus, levá-los a entender o que realmente era a espiritualidade e como se deveria vivê-la. Quando um professor ensina algo muito abstrato para seus alunos, ele deve aproximar o conteúdo da mensagem à realidade de seus ouvintes, dando exemplos atuais e bem próximos, para que entendam o conceito.

Essa era a prática dos profetas. O conceito de religiosidade e a ideia de que Deus esperava que seu povo seguisse por um caminho eram ambos muito abstratos. Assim, os profetas, para explicar o que desejavam para seus alunos (o povo), valiam-se de exemplos concretos e bem próximos da realidade do povo para que compreendessem a mensagem.

A princípio, parece que, na realidade, eles complicavam o tema, já que os textos proféticos eram difíceis de entender. Mas o que não se pode perder de vista é que os textos são difíceis de entender **atualmente**, já que a preocupação dos profetas era que seus contemporâneos os compreendessem, razão por que eles usavam conceitos concretos de seu cotidiano em particular. Dois mil (ou mais ainda) anos depois, é mais difícil assimilar claramente os textos se não buscamos compreendê-los no contexto histórico, econômico, social e espiritual em que foram produzidos.

Para uma leitura espiritualizada, que não contradiga o que Deus comunicava e o que o profeta pretendia através de suas palavras, é preciso primeiramente uma leitura da realidade à época em que o texto foi produzido. Isso não significa negar alguma premissa fundamentalista – mesmo acreditando na literalidade do texto, é preciso estudá-lo a fundo.

Um exemplo, é o caso das profecias de Isaías. Ele se apresenta no início do livro: "Visão de Isaías, filho de Amós, que ele teve a respeito de Judá e Jerusalém, nos dias de Uzias, Jotão, Acaz, e Ezequias, reis de Judá" (Bíblia. Isaías, 1: 1). Nessa breve apresentação, há a declaração do período histórico em que o texto foi produzido. Com esse dado, devemos investigar na Bíblia o que ela revela sobre os acontecimentos desse período (nos livros de Reis e Crônicas, no caso), bem como outras informações da História, pois o homem não é uma ilha, isolado do mundo ao seu redor.

Isso não significa negar o espaço da fé ou a existência de um sentido que vai além do contexto imediato do autor bíblico. Para não adentrarmos em uma alegorização abstrata e especulativa, é preciso conhecermos o cumprimento literal e histórico do texto. Dessa forma, com a direção do Espírito Santo, é possível obtermos um entendimento mais completo do texto. Já dizia um sábio da patrística: "Quanto a Ti, antes de tudo, roga que as portas da luz te sejam abertas, pois estas coisas nem todos as podem ver e compreender, a não ser a quem Deus e seu Cristo concedem o dom de compreender" (Justino, 1995, p. 122).

Linhas de interpretação bíblica

Questões para revisão

1. Faça um pequeno resumo de cada abordagem interpretativa citada neste capítulo:
   a) Teologia liberal:
   b) Fundamentalismo:
   c) Terceira alternativa:

2. Como você denominaria a terceira linha de estudo da Bíblia? Justifique sua resposta.

capítulo sete

Considerações sobre o ensino religioso

07

De acordo com o que afirmamos no primeiro capítulo desta obra, Deus criou o homem a Sua imagem e semelhança, que veio a se perder com o surgimento do pecado. Recuperar essa semelhança que temos com o Pai é um processo de toda uma vida, e um momento especialmente difícil nessa jornada é a adolescência, pois é cheia de descobertas e mudanças. Deixando de ser criança, o indivíduo precisa descobrir quem é para que seja capaz de tomar grandes decisões para toda a vida. Nessa busca de identidade e objetivos, a espiritualidade encontra maior espaço na vida desses jovens. No entanto, para saber qual é o caminho a ser seguido, os adolescentes necessitam de orientação, mesmo que não reconheçam tal fato facilmente.

Como já vimos no segundo capítulo desta obra, o autor Antonio Raspanti (1997, p. 10) compara a adolescência ao Êxodo, que, apesar de ter sido uma conquista, não foi um processo fácil na busca pela autonomia e no entendimento das limitações e das contínuas dependências. Da mesma forma que foi longa e cheia de conflitos a consolidação do povo de Israel como nação, o mesmo acontece na construção humana, que passa pela adolescência, período de aprendizagem, teimosia, erros e conflitos.

Não há como demarcarmos rigorosamente uma idade de início e término da adolescência, segundo Dinah Martins de Souza Campos (1975, p. 12): "Hurlock endossa a significação das mudanças do crescimento pubescente, mas assinala o início da adolescência com a maturação sexual, em média aos 13 anos para a menina e 14 anos para o menino".

De qualquer modo, assumiremos a adolescência entre os 11 e os 17 anos, fase crucial do processo educacional brasileiro. A primeira fase da educação obrigatória é o ensino fundamental I, que corresponde às séries iniciais, de primeiro a quinto ano. Nesse período, os alunos são vistos como crianças e contam com uma professora regente, pois ainda precisam de uma figura mais constante para se desenvolverem. O segundo período, compreendido pelo ensino fundamental II, vai do sexto ao nono ano (faixa etária indicada seria dos 11 aos 14, uma vez que o processo educacional se inicia aos 6 anos)[1]. Nessa fase, a educação passa a ser dividida em disciplinas, com professores distintos para cada uma delas. Trata-se do mesmo modelo educacional promovido no ensino médio (o qual, seguindo o processo educacional, deveria abranger dos 15 aos 17 anos).

---

1   A Lei n. 11.274, de 6 de fevereiro de 2006, altera a redação dos art. 29, 30, 32 e 87 da Lei n. 9.394, de 20 de dezembro de 1996, que estabelece as diretrizes e bases da educação nacional, dispondo sobre a duração de 9 (nove) anos para o ensino fundamental, com matrícula obrigatória a partir dos 6 (seis) anos de idade (Brasil, 2006).

Uma vez que a estrutura educacional é a mesma no ensino fundamental II e no ensino médio, tomaremos essa faixa etária como o período da adolescência, com cujos alunos um teólogo pode trabalhar.

Algo que devemos manter em mente é que nem sempre a idade biológica se equipara à idade cronológica. Maria Cristina Griffa (2001, p. 11) declara que a mudança "da adolescência pode ser lenta ou repentina, pode variar tanto no ritmo quanto na intensidade, embora exija seu próprio tempo para ser concluída de modo feliz".

Quem convive com diferentes adolescentes percebe a diferença em seus ritmos de desenvolvimento. Algumas meninas amadurecem mais cedo, muitas vezes devido à estrutura familiar. Considerando as dificuldades financeiras que muitas famílias enfrentam, os pais normalmente precisam trabalhar por um longo período do dia, e assim, muitas vezes, cabe aos filhos realizar as atividades domésticas, como cozinhar e manter a casa. Há meninas que já têm essa responsabilidade aos 10 anos de idade – não apenas ajudam a cuidar da casa, como acabam sendo totalmente responsáveis por essa atividade.

Independentemente da idade, o tempo passa e o ser humano sente que precisa se individualizar, encontrar-se como um ser único, conhecer a si próprio. Esse momento de angústia e de autoconhecimento se intensifica na adolescência. Há, portanto, o "êxodo individual".

7.1 Formação da imagem própria

O adolescente se encontra em um imenso dilema existencial; para saná-lo, o jovem busca uma referência afetiva e comportamental. Somente nesse momento o indivíduo passa a ter consciência de si mesmo. Pelo fato de a adolescência ser marcada por grandes transformações corporais, hormonais e sociais, os adolescentes se sentem confusos e inseguros, pois vivenciam uma contradição: querem ser aceitos e tratados como adultos, mas ainda vivenciam a perda da infância. Para Griffa (2001, p. 30):

> A adolescência é, portanto, marcada pela passagem de uma identidade reconhecida para uma identidade assumida. Na infância, embora já esteja consciente de seu estar no mundo, sua posição é mais dada que apropriada. A tarefa do adolescente, pelo contrário, consiste em conquistar e atribuir-se um novo lugar, a partir do qual poderá desenvolver-se como pessoa.

É no convivo com o grupo que o adolescente formará um conceito próprio de si mesmo. Em geral, esses grupos são formados por pessoas da mesma faixa etária e, na medida do possível, com os mesmos gostos e interesses. Nesse processo de individualização, há exageros na busca pela formação de uma imagem conceitual individual, que simbolize autonomia. Ao longo dessa descoberta, os adolescentes enfrentam a ansiedade e até mesmo a depressão. Adolfo Semo Suárez (2005, p. 26) afirma que, muitas vezes, "o adolescente descobre sua identidade num processo de tentativa e erro. Assim sendo, diversifica sua postura e procedimento atual (presente), observa criticamente sua antiga maneira de ser e pensar (passado) antes de tornar-se o que pensa ser o verdadeiro eu (futuro)".

Além das transformações psicológicas, há as mudanças físicas, como a alteração de voz e o surgimento de pelos pubianos e nas axilas. Algumas meninas sentem desconforto com o aumento dos seios e a primeira menstruação. Conforme Griffa (2001, p. 32), essas imagens demonstram ainda mais o abandono da infância, mas ainda não representam a entrada na vida adulta.

Mesmo sem identidade definida, a adolescência é um período durante o qual são vividas várias emoções ao mesmo tempo, emoções únicas, que passam rápido, dando lugar à maturidade e a uma formação de caráter mais plena, que, para se consolidar de forma positiva, precisa da mediação da família, principalmente dos pais, em forma de diálogo, para viabilizar a estruturação de valores. Nesse período, nascem também os sonhos e objetivos de vida – por estarem ainda em formação, às vezes os adolescentes não conseguem lidar facilmente com a frustração. Antonio Raspanti (1997, p. 26-27) declara que Anne Frank, alguns dias antes de morrer, escrevia: "A juventude, no fundo, é muito mais solitária do que a velhice. Para nós, jovens, custa o dobro manter firmeza em nossas opiniões, ideais, sonhos. As esperanças mais belas ainda nem brotaram em nós, já são golpeadas e completamente destruídas pela realidade".

Nessa fase, os meninos e as meninas têm de tomar decisões grandiosas para sua vida, como sobre a profissão que desejam exercer, por exemplo. Tal escolha define quem o indivíduo deseja ser, o que é difícil para os adolescentes. Mesmo aos 17 anos, muitos têm dúvidas quanto ao curso para o qual prestarão vestibular – por exemplo, ficam divididos entre cursar Direito ou Arquitetura, cursos completamente diferentes. Tal dúvida é plenamente razoável; consequentemente, muitos jovens acabam por não se descobrir ao ingressar em determinado curso, e possivelmente por tal razão tantos jovens adultos posteriormente ingressam em cursos diferentes.

Nesse período da vida, o indivíduo precisa se descobrir. Podemos resgatar uma frase inscrita na entrada do oráculo de Delfos, na Antiga Grécia, e que ecoa ainda hoje, principalmente para essa faixa etária: "Conhece-te a ti mesmo". Em Provérbios e Eclesiastes, Salomão fala da necessidade da busca pelo autoconhecimento.

A respeito da complexidade do fenômeno da individualização, Peter Blos (1996, p. 98) afirma:

> *A individualização do adolescente é o reflexo daquelas mudanças estruturais que acompanham o desligamento emocional de objetos infantis internalizados. A complexidade desse processo foi, por algum tempo, o centro da atenção analítica. De fato, agora é evidente que sem um desligamento bemsucedido dos objetos infantis internalizados, a descoberta de novos objetos amados extrafamiliares no mundo externo é impedida, retardada, ou permanece restrita à simples reprodução e substituição.*

Em outros tempos, os pais exerciam a função do superego (controle moral) dos jovens. Atualmente, o indivíduo precisa ser capaz de saber o que é bom para si, o que é impróprio, o que deve ser praticado e por quê – ou seja, deve ser capaz de decidir sozinho. Assim, de acordo com Griffa (2001, p. 35), "é importante destacar que a elaboração da identidade pessoal implica conseguir um equilíbrio entre a tendência a diferenciar-se, discriminar-se, separar-se dos demais (desapego) e a tendência a ser aceito, assemelhar-se a igualar-se aos outros".

Para facilitar esse processo, o adolescente experimenta e assume inúmeras personalidades, até ser capaz de descobrir a si mesmo. Quem convive com os jovens deve aceitá-los nesse processo e encorajá-los a pensarem por si próprios. Durante essas mudanças de temperamento, o sujeito pode se sustentar como mera cópia de alguém famoso e bem quisto, ou ainda se espelhar em adultos próximos, como professores ou alguém que admiram (Suárez, 2005). Por isso, é necessário enfrentarmos as oscilações que os jovens experimentam – perfis, alegrias, tristezas, independências e dependências. Mesmo quando suas atitudes parecem contraditórias, eles pedem algo; quando eles desistem de ter o que lhes é oferecido, por exemplo, eles pedem compreensão.

O adolescente tem muita dificuldade de enxergar a si próprio – a imagem que constrói de si mesmo depende muito do olhar do outro, de aceitação de um grupo: "Vejo em suma o que imagino que outros vejam" (Calligaris, 2000, p. 25). Por tal motivo, a insegurança é um traço marcante da adolescência, fase tumultuosa na qual o jovem precisa perder ou renunciar à segurança do amor paterno (para crescer), ainda que não receba o reconhecimento que lhe parece devido por não ser mais criança.

Segundo Blos (1996, p. 101), o processo de individualização pressupõe que "a pessoa em crescimento assuma cada vez mais responsabilidade sobre o que ela faz e pelo que ela é, ao invés de depositar sua responsabilidade no ombro daqueles sob cuja influência e tutela cresceu". Assumir a responsabilidade e os impactos de suas ações não é tarefa fácil, mesmo que suas realizações tenham sido positivas e que o resultado alcançado tenha sido muito bom – ainda assim, o indivíduo às vezes teme afirmar que é responsável.

A identidade constrói-se na experiência de vida. Numa época da vida em que se buscam outros universos para além do familiar – considerando que as figuras parentais são importantes e a relação pais-filhos deve ser reelaborada, muitas vezes marcadas por conflitos –, o adolescente sente a necessidade de outros adultos significativos. A escola, para além de um mundo de jovens, é também um mundo de adultos: os professores, os empregados, as personagens dos livros, os outros pais (de quem os colegas falam) etc.

7.2 As dificuldades da adolescência

Na busca por uma imagem própria, o adolescente experimenta inúmeras identidades, tornando-se instável inclusive no temperamento. Há diversas oscilações entre a necessidade de autonomia e a dependência. Nessa fase tão difícil, alguns adolescentes optam por caminhos alternativos, aparentemente mais fáceis do que enfrentar efetivamente a dor do crescimento.

Um dos principais "atalhos" é a **transgressão**: na busca pela identidade e em virtude da necessidade de se autoafirmar, alguns adolescentes não aceitam e não respondem bem à autoridade. Mesmo que uma figura de autoridade faça um pedido simples, como silêncio em sala de aula, a tendência é uma resposta negativa – certos jovens preferem demonstrar que não se submetem à nada, que ninguém manda mais neles. Segundo Jean-Pierre Deconchy (1970, p. 202), a agressividade "do adolescente contra a autoridade, contra o meio e contra a sociedade é, na realidade, um verdadeiro instinto de defesa".

Outro desses atalhos são as síndromes. Para formar uma identidade, não há como não passar por certo grau de conduta patológica. Os estudiosos chamam a isso de *patologias*; Jean Piaget dá o nome de *conflitos*, e Erik Erikson, de *crises*. A síndrome da adolescência normal, conforme Maurício Knobel (1986), abrange o processo de uma adolescência regular, que apresenta aspectos como: busca de si mesmo e da identidade; tendência grupal; necessidade de intelectualização; desorientação temporal; evolução sexual do autoerotismo à sexualidade orientada ao outro; separação progressiva dos pais; constantes flutuações do humor e do estado de ânimo. Há alguns casos em que os adolescentes fogem desse processo regular – o adolescente enfrenta e passa por patologias como a elaboração de um mundo imaginário, a tentativa de suicídio e o infantilismo.

Uma das principais ciladas dessa fase são as **drogas**. Para Içami Tiba (1986, p. 66), "a maioria experimenta a maconha pela primeira vez por curiosidade, para saber como é o que se sente etc. Outros podem iniciar para pertencerem a um grupo ao qual eles aspiram ou para se opor às regras". O mesmo se dá com as demais drogas.

Alguns utilizam substâncias entorpecentes apenas pelo fato de serem proibidas, pois isso é também uma forma de se opor à autoridade – muitas vezes, a proibição por si só é um fator de atração. Mas também não podemos esquecer que o uso de drogas pode indicar que algo não vai bem: às vezes, não foi a curiosidade ou a aceitação que conduziram o adolescente às drogas, pois elas também podem ser usadas como mecanismo de defesa (pois, quando está dopado, o jovem não vê mais seus problemas).

Outro ponto nodal desse período é a **sexualidade**. Nem sempre o adolescente tem facilidade para conversar sobre esse assunto com seus pais. Diante disso, o adolescente busca auxílio com outros adolescentes, e o resultado é uma prática sexual desprovida de orientações ou baseada em informações inadequadas. Às vezes, por se sentirem incompletos e incompreendidos, alguns adolescentes focam suas frustrações em relacionamentos intersexuais. Para alguns jovens, é como se o namorado ou a namorada passassem a ser sua segurança – há alguns jovens que chegam aos 20 anos mantendo um namoro há três ou quatro anos. É simplesmente mais fácil trocar a família por um relacionamento, pois assim o jovem não precisa se individualizar, se descobrir e assumir sozinho suas próprias responsabilidades.

7.3 O encontro do adolescente com Deus

Os adolescentes costumam idealizar a fraternidade, a justiça, a verdade, a lealdade, a autenticidade, a autorrealização e a dignidade. "A juventude foi feita para o heroísmo e não para o prazer fácil" (Boram, 1982, p. 90). Além disso, os jovens apresentam grande sensibilidade diante das questões sociais e exigem o amor concreto, que seja capaz de atingir os seres humanos e de resolver os problemas sociais. Jorge Boram (1982, p. 21) afirma: "O argumento de que o jovem tem pouca influência porque é inconstante e passa de incendiário a bombeiro, de que, quando tira seu diploma, insere-se na sociedade de consumo, não é bem verdade".

Vivenciando esses altos e baixos espirituais e as oscilações relacionadas ao respeito ao próximo, os jovens não sentem paz interior e demonstram isso para a sociedade, entre outras formas, por meio das manifestações artísticas que admiram, entre elas, a música que ouvem. Há conjuntos de *rap* compostos por membros dessa faixa etária e que já têm objetivos de vida. Regina Novaes (2011, p. 43-44) assevera:

> *Provérbio X. Tem como meta, objetivo e motivação maior a seguinte frase: "Ide e pregai o evangelho". O grupo é de Brasília.*
> *Alternativa C. É conhecido como um grupo que "prega a união, paz e crescimento sem esquecer os problemas da sociedade". Segundo seus componentes, a principal meta do grupo é a "evangelização dos povos".*
> *DJ Alpiste. É uma figura popular no hip hop paulistano. Para ele, "Hip Hop é rua, é no corpo a corpo, sem medo". Diz fazer "músicas com consciência cristã". Espera do hip hop "uma fórmula mais segura para encontrar a paz".*
> *Esclesiastes. São de Carapicuíba, São Paulo. Apresentam-se em rádios comunitárias e em programas de rap nacional, fazendo a "evangelização dos que os escutam".*
> *Apocalipse 16. É composto de rappers paulistas. Combinam crítica social com a evangelização onipresente em suas letras, e buscam "trilhar seu próprio caminho, na Paz do Senhor".*

Os Racionais MC'S, outro conjunto popular entre adolescentes, têm um álbum chamado "Sobrevivendo no Inferno" (1998), que vendeu um milhão de cópias. Na capa desse trabalho está escrito:

"Refrigera a minha alma e guia-me pelo caminho da justiça. Livro dos Salmos 23 cap. 3", ao lado da figura de uma cruz. Na contracapa, encontra-se: "E mesmo que eu ande pelo vale das sombras e da morte, não temerei mal algum porque tu estás comigo. Salmo 23, cap. 4". Algumas das letras desse disco demonstram a busca religiosa: os Racionais Mc's encontram em Deus força para lutar pela sobrevivência. As músicas tocam em um ponto que norteia qualquer espiritualidade: Deus é a resposta e há um sentimento de falta Dele. Assim, o retorno à espiritualidade ocorre pelo acesso ao conhecimento e às informações, bem como pela percepção de que não há uma solução para os problemas que não seja em Deus.

O que motiva a espiritualidade do adolescente é a esperança de que ele possa vir a compreender melhor a si mesmo e de ter uma resposta para os mistérios que o cercam. Justamente, as fugas às quais os adolescentes recorrem, como drogas, sexualidade, crime e ruptura familiar, são o resultado "de uma busca errada de conexão, do mistério e do significado, e uma fuga devido ao pânico de não ter uma fonte autêntica de plenitude" (Smarjassi, 2001, p. 244).

Paulo Tillich (1999) alega que, nas expressões culturais, ressoam conteúdos espirituais da vida que exprimem o sentido último e mais profundo da existência humana. Célia Smarjassi (2011) assegura que a perda dessa dimensão espiritual causa danos profundos.

O adolescente contém e prefigura essa maturidade; é nessa fase da vida que o organismo e o intelecto se tornam firmes, que novas demandas vitais se fazem presentes, que os sentimentos desabrocham e que o caráter se define. Maria Alice do Nascimento (1982, p. 2) confirma:

> *O adolescente necessita de Deus, porque está carente de amor e compreensão, e por estar numa fase de tensão e insegurança. Precisa da religião para lhe dar fé e sentimento de segurança. A religião representa uma necessidade para a alma do homem, principalmente quando ele tem consciência dos graves mistérios que envolvem a vida e o universo. Ela oferece segurança diante de tanta instabilidade, e confiança diante do desconhecido.*

Assim, a espiritualidade pode ajudar o adolescente a superar seus medos e ansiedades, formar uma identidade moral e participar de uma comunidade moral. Nascimento (1982, p. 8) ainda afirma que "os ensinamentos da religião a respeito da natureza e do destino do homem desempenham um papel importante na concepção que o adolescente tem acerca de si e na elaboração de suas aspirações. A Religião serve de base para a ideia e significados da vida".

7.4 Dúvidas e crises espirituais do adolescente

Como o adolescente está construindo sua identidade, precisa perceber-se inserido em algum lugar, em algum plano racional. Questões que facilmente são levantadas nesse período são: Quem é o homem? De onde ele vem? Por que surgiu? O que se espera dele? Para onde vai? Tais perguntas podem ser formuladas de maneira ainda mais ampla: De onde surgiu tudo o que existe? Por que há tantas diferenças?

Para buscar as respostas, os adolescentes procuram diversas correntes de conhecimento e analisam como cada uma responde às questões que colocam (ou se não respondem). Em outras palavras, desde jovem, o ser humano já adentra no mundo metafísico.[2]

Jean Christin (1969, p. 45) sustenta que os psicólogos parecem estar de acordo quando dizem que a crise da puberdade coincide com um surto repentino de sentimento religioso, cujo ápice parece se dar aos 16 anos. Nessa fase, a espiritualidade é norteada por elementos sociológicos, intelectuais e sentimentais, e é preciso que a fé supere esse influxo desordenado. Segundo Nascimento (1982, p. 10), "no adolescente a consciência religiosa não é apenas algumas afirmações intelectuais, é também sentimentalidade, imaginação e lembrança".

De acordo com Nascimento (1982), as crises espirituais vividas nesse momento podem terminar de quatro formas diferentes: a **primeira possibilidade** é um aumento de fé – na adolescência, muitos sentem sua vocação espiritual e decidem trabalhar de alguma forma mais específica para Deus; a **segunda possibilidade** é a solidificação da crença (não apenas um aumento de fé; pois a fé que era infantil se estrutrura, amadurecendo) – alguns se prendem com mais inteligência e dedicação à vida espiritual; a **terceira possibilidade** é a transformação da fé – alguns não conseguem responder suas dúvidas, mas mantêm sua espiritualidade e, nesse

---

[2] A metafísica é um termo de origem grega antiga: *metà* significa "depois de", "além de"; e *physis* é a tradução grega para "natureza" ou "física". É uma área de conhecimento que aborda perguntas como: Há um sentido último para a existência do mundo? A organização do mundo é necessariamente esta com que nos deparamos ou seriam possíveis outros mundos? Existe um Deus? Tudo está em permanente mudança ou há coisas e relações que, a despeito de todas as mudanças aparentes, permanecem sempre idênticas? Os objetos de estudo da metafísica não podem ser investigados de modo empírico – são questões que estão além do plano material.

caso, adaptam a espiritualidade de acordo com sua vida; a **quarta possibilidade** é a perda da crença e o afastamento de Deus.

Os adolescentes têm inquietudes voltadas à sua miséria moral, ao se sentirem escravos de si mesmos. Querem dominar alguns impulsos e percebem que essa mudança em seu caráter é demorada e não depende somente da boa vontade (está além de seu esforço individual). Estão em busca por autorrealização, mas ainda não se conhecem e não sabem onde podem chegar. Além disso, esperam por alguém que os livre e os capacite a superarem suas dificuldades. De acordo com Paul Johnson (1959, p. 93), "Os ideais de perfeição e o culto do herói torturam as incapacidades da adolescência".

Na adolescência, existe uma dificuldade em lidar com as frustrações; isso ocorre quando os pedidos que eles fazem ao sobrenatural – tais como aprovação em exames, ou que parentes e amigos se restabeleçam – não são atendidos. Essas decepções levam os adolescentes a duvidar de suas crenças: "Experiências dolorosas, desilusões podem paralisar o sentimento religioso do adolescente" (Nascimento, 1982, p. 22).

Ao perceber o vazio que está presente em sua vida, o adolescente sente o desejo de preenchê-lo. Precisa de alguém que lhe revele o que deve fazer nesse mundo e quem ele é. Para Quintiliano (2006, p. 7),

> *é necessário que se explique a importância dessa fase da vida para as ações futuras, em termos de compreensão do eu pessoal, das relações com os outros e do lugar que ocupará na sociedade, que, por sua vez, lhe apresenta determinadas expectativas, ou seja, a consciência dos diversos papéis sociais que deverão ser desenvolvidos durante a vida, nas quais se coloca a posição adotada frente a um dos maiores desafios que permeiam a subjetividade humana, a questão da religiosidade.*

Por sua ansiedade e necessidade de um salvador, o adolescente se encontra aberto a Deus, mas tende a ser muito prático e, por isso, tem uma visão mais limitada. É comum ouvir de certos jovens que, para eles, não é importante estudar algo que não poderá ser utilizado de maneira prática (Para que estudar matemática, se eu quero ser advogado?). Os adolescentes fazem essa mesma aplicação na área religiosa – questionam se vale a pena seguir a Cristo se o cristianismo não é capaz de acabar com as misérias do mundo. É preciso termos em mente que esse pensamento não é de uma fé adulta e que questionar faz parte do processo de aprender.

Na fase da infância, que demanda um forte direcionamento familiar, a espiritualidade apresenta-se ainda inautêntica e incompleta. Tal fator justificaria o afastamento de muitos adolescentes que nasceram em lares cristãos de sua Igreja de origem: alguns jovens se rebelam contra a organização da Igreja e os símbolos espirituais que fazem parte de sua constituição, e não com Deus. Mesmo assim, ainda que não seja uma negação direta a Deus, há um afastamento da espiritualidade.

Outro motivo é a preocupação batismal. Quando pequenas, as crianças muitas vezes têm ensino religioso para a sua idade, uma classe pré-bastimal (ou discipulado), na qual podem sanar suas dúvidas e perceber o quanto esse ensino é precioso. O problema é o abandono após o batismo. Muitos são batizados ainda pequenos, com cerca de 9 ou 10 anos, quando nem alcançaram ainda o pensamento abstrato – assim, como serão capazes de conceituar seu relacionamento com Deus? João Batista Libanio (2004, p. 99-100) assevera:

> *Vale lembrar o testemunho do Dr. Alceu Amoroso Lima, católico convertido por influência do Pe. Leonel Franca. Certa vez, o Dr. Alceu disse: Padre, por que o senhor não insistiu um pouco mais logo no início de*

nossas conversas e eu teria me convertido mais cedo? E o padre respondeu: Se abrir o casulo antes da larva estar madura, ela morre e não nasce nenhuma borboleta. O casulo do coração juvenil precisa ser respeitado, dando tempo e condições para que a larva cresça, se desenvolva e surja a bela borboleta.

No entanto, quando a criança já é um membro batizado, a missão de ensinamentos religiosos acaba sendo encerrada. A preocupação prioritária, depois disso, é com a formação, uma boa escola para desenvolver uma profissão remunerada e estudos complementares (como de língua e reforço escolar). Por ser batizada, a criança já estaria com sua espiritualidade completa e encerrada. Em virtude dessa visão, muitos adolescentes se afastam de suas igrejas, como se já tivessem feito o que deles era esperado.

7.5 Mudança na visão e compreensão de Deus

Crianças compreendem Deus como um ser Todo-Poderoso; um ser maior que observa e julga todas as coisas. Elas veem que Deus tem uma relação com o ser humano porque o criou. E o Deus Todo-Poderoso criador inspira respeito: "Deus é o chefão, onipotente, onisciente, onipresente, eterno e bondoso, o criador que viveu há muito tempo atrás, morreu, mas vai voltar para nos buscar", por isso, "devemos respeitá-lo e aprender com ele", sustenta Gisela Streck (2006, p. 62).

Ainda na infância, as crianças o identificam como pai que cuida e protege. Nessa compreensão, Deus tem ainda outras qualidades, como: companheiro, amigo e conselheiro. É alguém que conhece cada ser, está presente na vida e em quem é possível confiar. Ainda nessa visão paternal, muitos adolescentes, além de vê-lo como protetor, também o veem como alguém que pode punir ou castigar. Para Streck (2006, p. 63):

> Deus é aquele que julga e castiga, é também amoroso, fiel e misericordioso, é o "melhor amigo, é bondoso, que dá segurança e carinho"; "Deus é tudo, quem perdoa e sabe da verdade". "Deus é amor, um sentimento que dá bondade, consciência de certo ou errado". Na fala de adolescentes é possível perceber a influência das figuras parentais na composição da figura de Deus: Deus é "o pai, a pessoa que eu amo".

Na fase da puberdade, inicia-se um período de mudanças na imagem de Deus. Como as crianças que nasceram em lares cristãos têm a sua identidade moldada pela herança recebida, a compreensão de Deus é herdada. Eles baseiam sua visão sobre Deus no que ouviram sobre Ele. No entanto, ao questionarem e examinarem todo o conhecimento religioso recebido, os jovens repensarão seus conceitos sobre Deus e fé.

Para a juventude que questiona seu sistema de fé, as questões sobre Deus podem ser resumidas na palavra **dúvida**. A dúvida sinaliza uma perda de segurança nas crenças que até então existiam e uma eventual disposição para mudanças. Isso é perceptível quando adolescentes respondem que tanto acreditam como não acreditam em Deus: ao perceberem as contradições e injustiças de seu meio social, os jovens se indagam sobre qual é a relação entre aquilo que veem e Deus. Segundo Johnson (1959, p. 93):

> A experiência religiosa precisa crescer intelectualmente. Os conceitos infantis de Deus e milagres, céu e inferno, inspiração bíblica e revelação, deveres e devoção religiosa, necessitam evoluir. As dúvidas não devem ser temidas, mas bem acolhidas, como sintoma de julgamento independente. A dúvida do adolescente pode ser exagerada. [...]; a causa básica

da dúvida é a razão emergente, procurando compreender e encontrar significados coerentes para as contradições da experiência. [...] As pessoas jovens precisam de liberdade para pensar.

Adolescentes podem estar num estágio de pensamento autônomo quando a reflexão a respeito de Deus é própria, e não uma mera repetição de outros discursos. A figura antropomórfica dá lugar a imagens indefinidas e abstratas, que demonstram a existência de uma busca por outras imagens de Deus. Essas novas imagens são de alguém que não se vê, que é superior, magnífico. Comumente, os jovens usam termos como *luz, espírito, energia* e *alma*. Streck (2006, p. 69) afirma que:

As imagens de Deus, na adolescência, são tão variadas, diferentes e até contraditórias como é diferenciado todo o processo de crescimento, de desenvolvimento da fé e de amadurecimento nesta fase de vida do ser humano. As experiências, vivências, costumes, tradições, discursos e ritos religiosos das diferentes comunidades confessionais, a influência do meio social no qual a criança cresceu, os relacionamentos com pessoas significativas e a qualidade destes relacionamentos determinam a imagem de Deus e o modo como se articula a espiritualidade, moldada na infância e trazida para a adolescência. Adolescentes tanto podem falar de Deus como um velhinho de barba branca, sentado numa nuvem, como de um Deus mais pessoal, mais amigo e companheiro, que pode dar orientação, ajuda e apoio, como também podem afirmar que Deus não existe. Tanto podem acreditar em Deus, porque Ele salva, ajuda em todas as horas, como afirmar que não acreditam, porque nenhum pedido feito foi atendido ou porque tudo não passa de uma invenção humana. Essas constatações demonstram que a fase da adolescência é um período de mudanças, de busca por uma compreensão e experiência pessoais a respeito de Deus.

É preciso que haja tolerância e compreensão para com a crise dos adolescentes, até mesmo porque ela existe independentemente de nossa vontade. Essa crise se atenuará e dará lugar à consolidação da fé à medida que o jovem amadurecer e, principalmente, quando encontrar amparo e orientação.

Muitas das inquietudes de meninos e meninas surgem dos desafios que a vida apresenta a eles. O panorama mundial e nacional muitas vezes é incerto e, por isso, os jovens se sentem inseguros, agredidos pela injustiça que está ao redor, pois sabem que seria necessário viver de outra forma. O Instituto de Pastoral de Juventude (1995, p. 17) declara que as coisas que mais nos "interessam e inquietam e, inclusive, o que nos assusta e entristece, são um impulso para seguir avançando, crescendo e esperando uma vida melhor para nós e para todos". Segundo Alberto Camargo de Castro (1981, p. 7):

> O adolescente, por virtude dos impulsos de seu instinto natural, às voltas com o futuro incerto, numa natureza que não domina por enquanto, ele, mais que o adulto, é sensível ao sagrado, e até, às antigas formas do sagrado. O culto do herói, o senso simbólico religioso, a necessidade do absoluto, a sede da justiça até a revolta, são características bem definidas de sua idade. Verifica-se, nele, esta constante saber que senso natural do sagrado é proporcional à impulsividade biológica de um ser. O senso natural do sagrado marca de forma profunda o adolescente.

Quando o adolescente se encontra com Deus, há um autêntico compromisso com a fé e o amor – Deus passa a ser sua razão de ser e existir. Assim, ele conseguirá preencher sua intensa necessidade de amor, de perfeição e de interpretação. Mediante esse processo de equilíbrio espiritual, os valores da vida se unificarão e se consolidarão em um valor supremo, como destaca Christin (1969, p. 460). Para os adolescentes alcançarem esse objetivo, é preciso auxiliá-los.

Assim, é preciso seguir um caminho para ajudar o adolescente a desenvolver sua espiritualidade, de modo racional e repleto de fé, pois a experiência religiosa no adolescente o conduz a se fazer consciente de seus limites no que se refere à união com Deus. É preciso reforçar o fato de que o jovem não deve ter uma confiança ilimitada em si mesmo e na vida – é necessário impedi-lo de construir sua morada espiritual sobre a areia (o que pode ser um entusiasmo juvenil).

Devemos guiar esses jovens a uma posição de equilíbrio. Uma maneira de fazer isso é por meio de histórias bíblicas. Os adolescentes conhecem pouco dessas histórias e podem se identificar com os personagens e as lições encontradas no Livro Sagrado. Após ouvir as histórias, muitos refletem a respeito das atitudes dos personagens e das ações divinas. Há casos em que se verificam mudanças inclusive de atitude nos jovens. Trata-se de um "processo de esclarecimento pelo qual passa o adolescente, [e que] tende a uma solução. O jovem torna-se mais calmo da confusão do desenvolvimento; aprofundam-se linhas bem claras. Separam-se os indivíduos de concepções diversas e a religião consolida-se intimamente" (Nascimento, 1982, p. 29).

Certa vez, um aluno de 13 anos dirigiu-se à coordenadora de um colégio para reclamar de como havia sido maltratado por um grupo de colegas. A profissional passou algum tempo contando a história bíblica de José e de tudo pelo que ele passou como resultado da atitude dos irmãos e, mesmo assim, foi capaz de perdoá-los. Teve início o recreio do colégio e o rapazinho foi comer. Ao final do recreio, voltou à sala da coordenadora para contar-lhe o que havia feito no recreio: procurou os meninos que o haviam maltratado para contar que os havia perdoado. A coordenadora não havia sugerido tal atitude – foi iniciativa do menino.

As histórias bíblicas podem guiar a espiritualidade dos jovens e deveriam ser muito mais utilizadas. É surpreendente o interesse dos adolescentes pelos personagens e pelas histórias. Em outra ocasião, aconteceu um imprevisto na aula de Filosofia do segundo ano do ensino médio da citada instituição. A professora passaria um documentário para explicar alguns conceitos, mas o equipamento não funcionou já no início da aula. Quando os alunos notaram que ela não teria como explicar o assunto, e sabendo que ela lecionava Ensino Religioso, eles pediram para que ela contasse uma história bíblica.

A professora pensou que a história levaria o tempo de toda uma aula e decidiu contar a vida de Jacó. A turma em que se passou esse episódio era formada por 53 alunos de 16 anos. Ao terminar a história, ainda faltavam dez minutos para acabar a aula; como durante a história todos os alunos estavam plenamente silentes, a professora permitiu que conversassem no restante do tempo. Ela se surpreendeu com a atitude dos alunos: eles ficaram sentados em silêncio. Então, ela brincou com eles que, por serem desobedientes, não conversariam, porque a professora havia dito que poderiam. Após a brincadeira, um aluno comentou que ele ainda pensava na vida de Jacó e os demais confirmaram que também estavam fazendo essa reflexão. Nesse sentido, Castro (1981, p. 17) alega: "Uma beleza ilumina a alma desses rapazes, em luta consigo mesmos, sempre alerta contra o aviltamento total. Sua religião, por mais imperfeita que seja, continua sendo para eles uma aliada sem igual, provocando reações saudáveis, incita-os sem cessar ao melhor e recompensa seus méritos".

Em outro momento, para melhorar o comportamento de uma turma muito trabalhosa, a professora não apenas contava alguma história bíblica, como também levava uma Bíblia para cada aluno a fim de que eles lessem no início da aula. Após algum tempo, os alunos insistiram para que a professora desse a Bíblia para eles, já que ela não seria professora deles no outro ano e eles não possuíam uma Bíblia própria em casa. Tratava-se de adolescentes de 13 e 14 anos.

Em relação ao uso da Bíblia, é importante estruturarmos o modo de apresentação dessa obra para os alunos. Quando se aponta o caminho para esses rapazes e moças, eles não se delongam em iniciar sua espiritualidade. O que precisam é de espaço e incentivo, dentro de famílias, igrejas e colégios religiosos. Conforme Nascimento (1982, p. 11):

> *O desenvolvimento religioso não ocorre no vácuo, mas em meio à um complexo processo de interação de fatores mentais, sociais, emocionais, físicos e fisiológicos. É importante que o comportamento religioso dos pais facilite o desenvolvimento religioso do adolescente. Um bom lar é o melhor protetor contra a deteriorização religiosa. Através da demonstração de respeito pelos valores espirituais e práticas religiosas os pais podem promover o crescimento moral e espiritual de seus filhos adolescentes.*

Para facilitar uma atitude positiva na adolescência com relação à vida espiritual, é necessário que tenha havido uma boa orientação religiosa na infância – uma apresentação da espiritualidade baseada não apenas na credulidade, tampouco com ênfase exagerada na autoridade e na ameaça do castigo para algum pecado. Também é necessário destacarmos que nem todas as questões serão respondidas em um único momento, pois a formação espiritual é o resultado de uma vida.

7.6 Como lidar com a espiritualidade do adolescente

A busca pelo autoconhecimento, pelo conhecimento do mundo onde se está inserido, bem como de Deus e seus propósitos, é uma árdua jornada para todo adolescente. Nenhum indivíduo se completa de um momento para o outro, mas é possível ajudar os jovens nessa caminhada.

O importante é ajudá-los a desenvolver o amor por Deus. Ele ama a todos, individualmente. Por ter criado o ser humano com liberdade de escolha, então, o amor ao divino é uma opção. Por isso, é preciso orientarmos os adolescentes a fazer a melhor escolha: estar com Deus. Para começarmos a amar o Senhor, precisamos escolher amá-lo e permitir que Ele se aproxime de nós. O processo pelo qual o adolescente precisa passar é permitir ser cativado, permitir criar laços.

Cada professor deve se comprometer com o que ensina e dar liberdade para o aluno pensar e se posicionar sinceramente. Um professor completo e preparado para ajudar o adolescente em sua espiritualidade precisa se conhecer, saber em que aspectos se desenvolver, conhecer os limites e potenciais de seus alunos e, principalmente, conhecer a Deus, pois esse caminho o aperfeiçoará para ser um bom exemplo para os jovens. Suárez (2005, p. 79) destaca que o professor "deve ter um caráter exemplar; ele deve ser digno de confiança, de fé sólida, possuidor de paciência e tato, uma pessoa que ande com Deus e evite a própria aparência do mal".

Uma professora de religião comentou sobre a alegria que tem ao encontrar ex-alunos, pois eles param tudo o que estão fazendo e consideram extremamente importante abraçá-la quando a encontram. Essa professora estava esperando um ônibus e uma ex-aluna correu duas quadras para chegar antes que o ônibus passasse para poder abraçá-la, ainda que essa garota houvesse saído havia três anos daquele colégio. Os adolescentes que foram seus alunos já são adultos e bem formados atualmente e destacam a importância dessa professora, por ela ter sido capaz de compreendê-los e aceitá-los como eram, bem como de ajudá-los a serem pessoas melhores. O que capacitou essa professora foi a atuação de Deus em sua vida e a sua preocupação com o destino final de seus alunos.

Assim, é preciso enfatizarmos com os jovens a essência da Lei de Deus, o amor a Deus em primeiro lugar, a si próprio e aos outros. Muitos adolescentes não se valorizam e não se aceitam por não se conhecerem devidamente. Em busca por uma identidade e por aceitação, muitos jovens são tão flexíveis que não sabem mais quem são. É preciso que eles compreendam que a função da Lei é protegê-los e torná-los felizes; mas, na maioria dos casos, os jovens não sabem como alcançar a felicidade.

Questões para revisão

1. Descreva os seguintes conflitos dos adolescentes:
   a) Transgressão:
   b) Síndromes:
   c) Consumo de drogas:
   d) Sexualidade:

2. Como podemos perceber o interesse do adolescente pelo que é religioso?

3. Qual é a importância da Bíblia na aula de Ensino Religioso?

capítulo oito

Explicações para a presença da espiritualidade

08

Nesta obra, até aqui debatemos como trabalhar e aperfeiçoar a fé das pessoas. O tema do capítulo final, no entanto, é o debate sobre por que **é natural que cada ser humano** tenha uma consciência particular do sagrado.

Quando discutimos o papel da espiritualidade, é preciso termos em vista o quadro completo do indivíduo e da sociedade, ninguém consegue existir isolado, como se não houvesse influência da cultura, afinal, "todo e qualquer homem, dentro de qualquer época, pertence a uma cultura e é por esta determinado" (Souza Filho, 1987, p. 16).

8.1 Explicações antropológicas e sociológicas da presença da espiritualidade

Para a antropologia, os seres humanos não apenas se posicionam quanto aos valores de sua sociedade, mas também os criam. Afinal, o ser humano é criador da cultura e de seus componentes (conhecimentos, normas, crenças, símbolos etc.). E, havendo criado isso tudo, o homem também desenvolveu uma escala de valores, dando importância maior ou menor a cada coisa. Portanto, antes de um ser humano se posicionar diante dos valores, ele criou as coisas sobre as quais viria a se posicionar. De acordo com Pedro Vilson Alves de Souza Filho (1987, p. 11), quanto à "tendência universal do homem para a espiritualidade, pode-se afirmar que o mundo possui uma profunda dimensão de espiritualidade na totalidade do espírito humano e isto atinge, absolutamente e de todas as formas, a espécie humana".

Quando o assunto é a espiritualidade, as pessoas se envolvem de maneira surpreendente, como relata René Ribeiro (1982, p. 274): "o indivíduo, preocupado com o sobrenatural, desejoso de uma visão coerente do cosmos, de uma explicação sobre o destino último do homem, de um relacionamento direto e de influência junto a potencias sobrenaturais", se envolve facilmente com o espiritual. Mesmo em revistas científicas, os assuntos religiosos aparecem com frequência.

Ao observarmos a dinâmica das sociedades, podemos afirmar que todas se depararam com a espiritualidade de alguma maneira. No Antigo Egito, a vida espiritual estava muito presente na vida de todos os indivíduos: "a cultura egípcia era impregnada de espiritualidade e a versão oficial da história egípcia era de caráter religioso", certificam John Baines e Jaromír Málek (1996, p. 209). A cultura dessa civilização era tão religiosa que dividia a sociedade sob três aspectos: a humanidade, o faraó e os deuses.

Não havia ritos e registros que demarcassem o relacionamento dos homens com os deuses. Também não se pode afirmar como era a espiritualidade popular, pois na historiografia encontramos indícios apenas da experiência religiosa do faraó. Em outras palavras, não havia práticas na demarcação da vida dos indivíduos.

De acordo com Michael Roaf (1996, p. 72), na Mesopotâmia a vida espiritual também era o aspecto principal que movimentava as pessoas. Até mesmo a construção de cidades tinha finalidades religiosas. Os soberanos da região consideravam-se representantes dos deuses e cabia a eles efetuar rituais para prevenir o mal e receber a simpatia divina.

No Médio Oriente, havia dezenas de divindades e cada cidade contava com seu próprio deus. O centro da prática religiosa era o templo, embora em algumas culturas as cerimônias fossem realizadas em bosques ou montes. Como os egípcios, "a maior parte da informação disponível procede de textos relativos ao palácio ou ao templo; é pouco o que se conhece sobre a vida espiritual do cidadão corrente" (Roaf, 1996, p. 72). Assim, infelizmente não sabemos como os jovens praticavam sua espiritualidade e como respondiam seus questionamentos existenciais.

Quando estudamos a cultura romana, uma das mais influentes do Ocidente, não há como deixar de ressaltar também a espiritualidade desse povo. Havia uma "série de cultos públicos, localizados em centenas de santuários e templos da cidade e dos seus arredores" (Cornell; Matthews, 1996, p. 94).

Nas culturas orientais, que não estão tão associadas ao cristianismo, a espiritualidade também se faz presente. Até na China, onde não há "um nome geralmente aceito para a religião" tradicional (Bluden; Elvin, 1996, p. 188), ainda que sempre tenha existido na região uma espiritualidade forte, fosse ela associada ao taoismo, ao budismo ou ao confucionismo.

Embora existam muitos relatos e estudos sobre a prática espiritual dos diferentes povos, pouco se tem pesquisado sobre como essa dinâmica se dava entre as diferentes classes sociais e etárias. Ainda assim, é interessante percebermos a presença de aspectos metafísicos em diferentes culturas, pois o indivíduo é influenciado pelo meio onde se acha inserido.

Até mesmo nas culturas mais dedicadas à racionalidade, como a dos gregos, há diversas referências à vida espiritual. Voltando à Antiguidade grega, que é pouco conhecida, vemos, nos textos de Homero, várias menções às divindades. Ao avançarmos na história cultural grega, quando adentramos o período chamado *renascimento* (que compreende o triunfo da civilização helênica), há uma necessidade ainda maior da presença de deuses. Havia até os "profetas e homens sagrados mais ou menos profissionais, quer por direito de nascimento quer por vocação, que desempenhavam um papel importante na vida espiritual grega de sua época" (Levi, 1996, p. 69). Podemos destacar, nesse sentido, que um dos fatores que levou Sócrates[1] a ser condenado à morte foi "não cultuar os deuses da cidade e introduzir novas divindades" (Platão, 2009, p. 12).

Sócrates tentava influenciar a todos, tanto os mais jovens quanto os mais velhos; mas, aparentemente, conseguiu impactar somente a primeira parcela, já que foi condenado por corromper a juventude ao ensinar sobre a nova divindade e sobre a importância da espiritualidade. Assim, constatamos que os jovens estão abertos à espiritualidade em qualquer período histórico e em diferentes culturas.

---

1 Não cabe a este trabalho discutir a existência ou não de Sócrates. Suas palavras são válidas, independentemente de quem realmente as tenha dito.

É interessante atentar para as palavras de Sócrates: "Pois os circunstantes toda vez pensam que eu mesmo sou sábio nas coisas a respeito das quais refuto alguém, mas corre-se o risco, varões, de na realidade o deus ser sábio, e com aquele oráculo afirmar isto: que a sabedoria humana pouco ou nada vale" (Platão, 2009, p. 76). No diálogo "Fedro" (Platão, 2009, p. 76), Sócrates diz que a denominação *sábio* se aplica exclusivamente a deus, e que ao homem cabe apenas ser filósofo (amigo da sabedoria). O pensador ainda afirma:

> Varões atenienses, eu os saúdo e amo, mas obedecerei antes ao deus que a vocês e, enquanto respirar e tiver condições, receio não parar de filosofar e a vocês advertir e mostrar [...]. Nenhuma outra coisa faço enquanto circulo, a não ser persuadir, tanto os mais jovens como os mais velhos dentre vocês, a não militar em favor nem do corpo nem do dinheiro – não antes (nem com a mesma intensidade) que em favor da alma, a fim de ser o melhor possível. (Platão, 2009, p. 89)

Não há como negar a afirmação de Plutarco: "podereis encontrar uma cidade sem muralhas, sem edifícios, sem ginásios, sem leis, sem uso de moedas como dinheiro, sem cultura das letras. Mas um povo sem deus, sem oração, sem juramento, sem ritos religiosos, sem sacrifícios, tal nunca se viu" (Souza Filho, 1987, p. 2). Karl Rahner (1969) assegura que, historicamente, a compreensão do transcendental foi exigida da humanidade. Já Franco Ferrarotti et al. (1990, p. 317) asseveram que a espiritualidade,

> do ponto de vista antropológico, nasce da necessidade de reduzir a indeterminação que cerca a vida do homem. Neste sentido, o desconhecido é o ambiente do subsistema religião. A complexidade do desconhecido, a sua inextricável indecifrabilidade, é assumida pela religião para reduzi-la a termos aceitáveis e toleráveis pelo sistema pessoal e, em consequência, pelo sistema social. Dito de outro modo, a religião oferece respostas

satisfatórias a interrogações e necessidades de explicações das razões últimas da existência ou do sentido da vida.

Em qualquer faixa etária, a realidade não é diferente – em qualquer idade, as pessoas dão grande importância à vida espiritual e buscam por respostas em Deus, pois a grande maioria da humanidade acredita na sua existência. Quintiliano (2006, p. 10) declara:

> *É interessante neste momento colocar os dados obtidos pela pesquisa Perfil da Juventude Brasileira, promovida pelo Instituto Cidadania em parceria com outras instituições, publicada em 2004, que ouviu 3.501 jovens de 15 a 24 anos, pertencentes a várias regiões do país e de faixas de renda também diferenciadas. Nessa pesquisa, de acordo com Regina Novaes, antropóloga que fez parte dos envolvidos na análise dos dados coletados, 1% dos jovens entrevistados declarou-se ateu; colocaram a religião num lugar de relativo destaque em relação ao assunto que gostariam de abordar com pais, amigos e a sociedade.*

Para o homem moderno, a dificuldade de assumir sua espiritualidade começou com o positivismo, corrente filosófica que assegurava que a racionalidade poderia explicar tudo. O ser humano era colocado (metaforicamente) "dentro de um tubo de ensaio" e os filósofos procuravam explicá-lo separando-o em partes essenciais, com vistas à compreensão. Com o cartesianismo, houve uma fragmentação ainda maior do ser humano, pois, segundo Ruy Cezar (citado por Pavan, 2002, p. 25), essa corrente "incentivou o desenvolvimento de linhas mais materialistas".

O resultado foi um aumento das frustrações, pois os indivíduos não se sentiram mais completos. "O sociólogo americano Peter I. Berger acredita na redescoberta do sobrenatural porque a secularização tornou-se esfera empírica avassaladora e fechada sobre si mesma, impondo ao homem, como reação, a abertura de sua percepção da realidade" (Ribeiro, 1982, p. 284).

A falta de completude causa no homem a necessidade de buscas insaciáveis (Rahner, 1969). Assim, o racionalismo radical gerou uma sociedade repleta de violência e vícios. Tal situação comprova a necessidade que o homem tem, especialmente o adolescente, de algo maior. Nilton Maurício Martins Torquato (2006, p. 144) relata:

> *Refletindo sobre o fenômeno religioso, Castells o explica mediante a ótica da construção de identidade que o medo da morte, a dor da vida, precisam de Deus e da fé nele, sejam quais forem suas manifestações, para que as pessoas sigam vivendo. [...] cada vez mais, as pessoas organizam seu significado não em torno do que fazem, mas com base no que são.*

O ser humano necessita de representações religiosas capazes de dar sustentação emocional e ética de forma a transformá-lo em alguém ainda mais ativo e produtivo, mais feliz e realizado.

> *Pode-se notar que mesmo vivendo em condições de extrema pobreza, as pessoas relatam uma crença, uma religião, como que buscando alento para as dificuldades vividas [...]. Este fato se relaciona estritamente ao nosso país, onde a pessoa pode não ter família ou emprego ou mesmo uma carteira de identidade, mas tem um time para torcer e tem religião, um Deus para acreditar [...]. pessoas de todas as camadas sociais, por diferentes razões e interesse, buscam auxílio na religião.* (Passador, 2015)

A sociedade atual é muito competitiva. Para que não sejamos simplesmente inseridos nessa competição e tragados por ela, é preciso desenvolver o amor próprio, o amor pelos outros e por Deus. Em sua busca por identidade, a pessoa que se encontra apenas consigo, sem um encontro relacional, será levada apenas ao individualismo destrutivo. Souza Filho (1987, p. 1) sustenta:

O homem possui dentro de si uma sede de amor, de felicidade, de harmonia e de liberdade. E, ansioso por viver em plenitude este fenômeno, o homem volta-se para si mesmo. O egoísmo toma conta do homem e faz com que ele se feche dentro de seu próprio coração. A religião vem então e mostra que o fechamento em si mesmo só irá fazê-lo ficar mais longe daquilo que ele procura: a felicidade, o amor, a liberdade e a harmonia.

Assim, ainda de acordo com Souza Filho (1987, p. 12), é no encontro com Deus que há "força para viver, mas viver plenamente". Segundo Ferrarotti et al. (1990, p. 40):

Pode-se afirmar que as respostas fornecidas pelos clássicos ao problema colocado do fenômeno religioso, ou seja, da religião como um fato socialmente relevante, seja do ponto de vista institucional, seja como experiência pessoal ou de grupo primário, se colocam entre dois polos: a concepção funcionalística e concepção substancialística. A primeira concepção resolve a religião e a sua essência, exigindo, explorando e interpretando a função que ela exerce em relação à sociedade em seu todo, em termos de estabilidade e de autoconsciência, aos grupos sociais, especialmente primários, como a família e os próprios indivíduos. A segunda concepção considera, ao invés, a religião autônoma no interior da estrutura social e como impulso ou necessidade fundamental dos indivíduos, tão forte a ponto de valer universalmente e de se colocar como um componente inelimininável da sua estrutura psicológica.

O jovem de hoje, marcado com a pobreza, a dor, a falta de paz e justiça, precisa ser repleto de esperança. Tal princípio, próprio do homem, o faz procurar algo maior que ele mesmo, e assim se desenvolve a espiritualidade na juventude.

8.2 Explicações psicológicas da presença da espiritualidade

Desde a Antiguidade, o homem de qualquer civilização, de qualquer cultura e de qualquer período histórico se debruça e interroga a si mesmo para entender o que ele representa e qual é o seu papel na vida. "Durante os séculos, a história relata a crença e o temor do homem no sobrenatural, condições tais que ocorrem em todas as sociedades e culturas" (Passador, 2015).

A presença da espiritualidade no ser humano é inegável; assim, ao estudá-lo, precisamos vê-lo como um todo, e não em partes. Conforme Eduardo Couto Ferraz (1993, p. 14), a "psicologia ocidental oficial só quis aceitar o ser humano em seu aspecto partícula, individual, indevassável, isolado [...]. Enquanto que o pensamento oriental privilegiou o aspecto onda, no qual a individualidade e o Eu nada mais são que ilusões".

O problema dessas correntes é que elas não tratam do homem como um todo. Ainda assim, para Paul E. Johnson (1959, p. 13), "as complexidades da natureza humana estão em pesquisa na psicologia. Não que os psicólogos tenham respostas para as questões teológicas, mas estão cientes da existência dos mais profundos abismos da alma humana e colaboram na pesquisa do seu verdadeiro conhecimento".

As diferentes correntes psicológicas demonstram que o indivíduo precisa de algo superior para ser feliz. Para Pedro Finkler (1993, p. 37), o homem moderno "manifesta sintomaticamente autêntica sede de Deus [...]. A psicologia moderna considera a natural aspiração religiosa do homem como necessidade de experiência transpessoal". Johnson (1959, p. 48) ainda destaca:

> *A psicologia não pode provar ou deixar de provar a existência do ser supremo. Porém, não pode ignorar a crença humana em tal Ser. A observação cuidadosa revelará que a devoção religiosa não se contenta de modo duradouro, com o local e a proximidade, mas procura insistentemente o eterno e supremo [...]. A pessoa finita é sempre fragmentária e incompleta. Mas, sabendo isso, ela transcende o momento fugaz, olha antes e depois, e anseia por Alguém maior e mais completo, a fim de satisfazer a solitude.*

Assim como se pode afirmar antropologicamente que as civilizações sempre buscaram algo a mais, metafisicamente, o mesmo ocorre com os indivíduos: "Os dados psicológicos da religião são, pois tão antigos como a História humana" (Johnson, 1959, p. 15).

Quando a pessoa está criando sua individualidade, lutando por objetivos e estabelecendo alvos, nesse processo contínuo de novas perspectivas (locais e imediatas), é possível desenvolver o interesse supremo pela vida espiritual (Johnson, 1959).

É possível, ainda, afirmarmos a existência de um inconsciente espiritual, pois o ser humano toma decisões de natureza humana e espiritual mesmo sem se dar conta disso. No momento de maior medo, qualquer indivíduo clama a Deus, mesmo sem pensar estrategicamente. Sobre isso, Finkler (1993, p. 39) conclui:

> *Dessa maneira somos inconscientemente orientados e estimulados a agir por um misterioso guia interior: o nosso inconsciente espiritual. No caso de pessoas profundamente religiosas, esse guia interior pode também chamar-se Espírito Santo [...]. Pessoas não religiosas podem orientar-se por semelhante direção interna de natureza puramente psicológica que se chama, neste caso, de intuição.*

Costuma-se falar de um "sexto sentido", conceito tão comum que é título de um famoso filme (*O Sexto Sentido*, escrito e dirigido por

M. Night Shyamalan)[2] e letra de diversas músicas (27 conhecidas)[3]. A necessidade de algo maior que o próprio homem e a percepção de que ele se orienta em sua vida por outros meios não alcançados pela razão comprovam que a espiritualidade é inerente ao ser humano.

Os jovens demonstram isso por meio de práticas religiosas. Murray G. Ross (citado por Johnson, 1959, p. 135) realizou uma pesquisa com 1.720 jovens sobre a oração, concluindo que menos de 15% dos jovens disseram que jamais oraram. Johnson (1959, p. 135) também relata que um grupo de jovens "de Minnesota, de idade colegial, recorreram à oração em momentos de espanto e admiração, medo, grande responsabilidade, alegria e contentamento, necessidade, tentação e amor".

Quando o ser humano desenvolve melhor sua espiritualidade nata, ele passa a se sentir mais seguro e completo. Ele não sente mais medo, pois acredita na "ação amorosa de um Deus pessoal e livre, que cria livremente e por amor. O que nós podemos atribuir a ele é o que somos, em nossa essência: felicidade, amor, liberdade" (Ferraz, 1993, p. 31).

Mesmo as correntes filosóficas materialistas que buscam compreender o homem afirmam que ele está sempre em busca da felicidade. No entanto, é sabido que ela só pode ser encontrada de forma mais completa no relacionamento com Deus. O próprio Jesus afirmou isso: "Eu vim para que tenham vida, e a tenham plenamente" (Bíblia. João, 10: 10). Mas o que é preciso manter em mente é que

---

2 Indicado a seis Oscar (incluindo nas categorias Melhor filme e Melhor roteiro original) e vencedor de 30 outros prêmios.

3 "Sexto Sentido" – cantada e composta por Marco e Mario; "Sexto Sentido" – composta por João Bosco e Vinícius; a Trilha Sonora Oficial do programa *Rebelde*, exibido pela Rede Record, chama-se "Sexto Sentido", entre outros tantos exemplos.

"felicidade não é algo estático. Não é pronto. Não existe uma situação sempre igual a que você chama felicidade" (Ferraz, 1993, p. 44).

Qualquer pessoa tem necessidades básicas, as quais os seres humanos procuram suprir em nome da sobrevivência e da felicidade. Uma delas é compreender o sentido da vida. O homem pode suportar os momentos mais terríveis se tiver uma espiritualidade bem estruturada. Pavel Florenskij e Sergei Bulgakov são exemplos disso. Os dois são teólogos que enfrentaram a Revolução Russa e o socialismo ateu de 1917. O primeiro foi levado ao campo de concentração siberiano; lá, apoiado em sua espiritualidade, ele ajudou os demais a enfrentarem a terrível situação que viviam (ficou exilado até sua morte devido às terríveis condições existenciais, nas quais pessoas morriam de frio e fome; muitas vezes, abriu mão de sua alimentação para ceder aos demais prisioneiros). O segundo foi banido da União Soviética e obrigado a abandonar seu filho. Esses homens suportaram viver em tão terrível situação pela força que obtinham de sua espiritualidade – somente se entrega aquele que não tem mais em que se apegar interiormente.

O homem integrado, completo e acabado, se define em termos das dimensões social e individual, ativa, criativa e contemplativa. O homem completo representa uma síntese harmoniosa de potencialidades humanas, manifestas e latentes, coerentemente integradas em uma personalidade rica, forte e transcendente. (Finkler, 1993, p. 98)

O crescimento humano não se faz por leis fixas, como afirmavam o behaviorismo e a psicanálise, nem cármicas, como afirmava a psicologia humanista, mas sim pela participação e atuação amorosa de Deus, a qual é concedida a quem a procura: "graça e natureza não se justapõem, mas se integram".[4] Para Johnson (1959, p. 91):

> *A experiência religiosa é enriquecida pela reverência mais profunda e satisfação na comunhão com Deus. Os símbolos da igreja, tradições e camaradagem tornam-se significativos e misteriosamente convidativos [...]. Não é surpreendente que as percepções religiosas venham tão naturalmente na adolescência, pois novas capacidades e sensibilidades tornam possíveis experiências mais ricas e apreciações mais profundas de todos os valores.*

Quando atinge esse desenvolvimento, esse nível de relacionamento com Deus, o adolescente amplia a consciência de si mesmo, forma uma identidade própria e não é tão influenciado pelo meio em que está inserido. Ele não precisa mais tanto da aceitação do grupo, pois se aceita e sabe que não está sozinho, afinal, compreende que há um Deus que o ama e o completa.

8.3 A presença da espiritualidade explicada teologicamente

Dentro do cristianismo, Jesus é o fundamento da espiritualidade e fornece algumas propostas para desenvolver essa ação. Em Marcos (Bíblia, 1: 35), vemos uma prática de Jesus: de madrugada, quando ainda estava escuro, Jesus se levantava, saía de casa e ia para um

---

4 *Graça* é um conceito teológico definido como um presente gratuito e sobrenatural dado por Deus para conceder à humanidade todos os bens necessários à sua existência e à sua salvação. *Natureza* é uma citação indireta à liberdade do homem, cabe a ele aceitar ou não esse presente.

lugar deserto, onde ficava orando. Era um costume de Jesus se retirar para orar, para o seu exercício espiritual.

Além de orar, os evangelhos relatam o costume de Jesus de ir aos lugares de culto: "Jesus voltou para a Galileia no poder do Espírito, e por toda aquela região se espalhou a sua fama. Ensinava nas sinagogas, e todos o elogiavam. Ele foi a Nazaré, onde havia sido criado, e no dia de sábado entrou na sinagoga, como era seu costume. E levantou-se para ler". (Bíblia. Lucas, 4: 14-16). Esse verso demonstra outras práticas da vida espiritual de Jesus. Ele falava aos outros sobre Deus (testemunhava) e lia a Palavra (estudava a Bíblia). Assim, a espiritualidade de Jesus era alimentada pela oração, individualmente e isolada e em grupo. Além disso, ele frequentava lugares de culto para testemunhar e estudar.

Ao longo da história, houve diversas formas de espiritualidade. Destacaremos algumas, segundo o estudo de Bortolleto Filho (2008, p. 387-391).

....

a) Espiritualidade bíblico-meditativa

Em Alexandria, na época de Cristo, havia um grande grupo judaico, e essa comunidade era particularmente aberta a todas as tendências filosóficas e teológicas. Uma comunidade cristã se formou em Alexandria imediatamente após o Pentecostes e desenvolveu o monaquismo, que é o encontro da mensagem evangélica sobre a vida perfeita com uma tradição ascética que exprime as aspirações mais profundas da alma humana. Nesse encontro, a tradição humana foi enriquecida e encontrou uma valiosa significação (Veilleux, 2011). No monaquismo, havia dois modelos de meditação bíblica: a *ruminatio* e a *lectio divina*.
....

A ***ruminatio*** é a recitação numerosa em voz baixa dos textos bíblicos, como se estivessem sendo ruminados no estômago da inteligência e da memória. Baseia-se no texto de Salmos 1: 2, que diz que a satisfação está na Lei do Senhor, e nessa lei devemos meditar dia e noite. Esse método permaneceu intacto no cristianismo oriental. A ***lectio divina*** floresceu no cristianismo ocidental; é um método mais cognitivo e reflexivo. "A fórmula clássica da *lectio divina* foi formulada pelo monge cartuxo Guido II (1087-1137) na Escada dos Monges. Os quatro degraus são: leitura, meditação, oração e contemplação" (Bortoleto Filho, 2008, p. 388).

b) Espiritualidade ascético-monástica

Quando o movimento cristão parou de ser perseguido pelo Império Romano e tornou-se a religião imperial, o cristianismo passou por um processo de secularização. Assim, muitos cristãos foram ao deserto e desenvolveram uma vida ascética, denominada *anacorese* (*anacoresis*: "distanciar-se"). Esse movimento se originou com o monaquismo e a ida de Antão para o deserto Egípcio, em 285. Esse grupo se solidificou com a organização da vida dos monges que viviam como eremitas (anacoretas) e conventuais (cenobitas). Eles defendiam uma concentração completa e permanente em Deus. Os exercícios espirituais da Igreja Antiga foram desenvolvidos por esse grupo. Tratava-se da práxis composta por palavra bíblica, oração, culto eucarístico, jejum e silêncio. Baseavam-se no texto de Colossenses (Bíblia, 3: 3), que diz: "Pois vocês morreram, e agora a sua vida está escondida com Cristo em Deus".

c) Espiritualidade místico-contemplativa

No século IV, a tradição cristã dividiu a espiritualidade em três vias: a **via purgativa**, a **via iluminativa** e a **via unitiva**. As duas primeiras se dão antes da contemplação e são catafásicas (do grego *kata*, que significa "conforme"; e *phatis*, que significa "fala").

Nesse estágio, a espiritualidade ocorre através de conteúdos cognitivos e objetivos, como: textos, imagens, símbolos e conceitos. A terceira via, que é contemplativa, distancia-se (no grego apofático, pois *apo* é "afastar-se") e se despoja dos conteúdos cognitivos, esvaziando-se para que a presença divina brilhe na alma do orante. A presença de Deus se dá na contemplação. Etimologicamente, contemplação é: prefixo *con* ("partilhar") + substantivo *templo* ("o lugar sagrado"). É o último degrau das formas de oração que ocorrem da atividade à passividade humana.

d) Espiritualidade e Reforma Protestante

O objetivo da espiritualidade desenvolvida pela meditação é a vivência aprovada da fé nas dificuldades do dia a dia. Um dos pontos mais defendidos pelos reformadores era o sacerdócio de todos os cristãos, o qual seria composto pelos seguintes elementos: culto (onde a palavra era pregada), participação nos sacramentos, fraternidade, hinos, leitura bíblica e oração.

e) Espiritualidade pietista

Surgiu no protestantismo holandês e alemão no fim do século XVII, em busca de uma vivência mais prática e autêntica da fé. Enfatizava a conversão, a santificação e a edificação de todos os crentes.

f) Espiritualidade fundamentalista

O fundamentalismo surgiu no final do século XIX na América do Norte e Inglaterra. Era um grupo contra o liberalismo teológico que buscava defender a autoridade e a inerrância da Bíblia. Defendia os valores conservadores e tradicionais da sociedade, acentuando a perfeição cristã e a santificação pessoal.

g) Espiritualidade carismática

Esse é o movimento que mais cresce na atualidade. Sua prática se concentra no louvor e na teologia da prosperidade. A espiritualidade desse grupo envolve o batismo no Espírito Santo, uma experiência ao lado da conversão, que trará os carismas espirituais, como glossolalia, cura e profecia. O Espírito Santo se manifesta dando ao crente a capacidade de curar e exorcizar. "A consciência deste poder permite ao crente determinar os efeitos desejados" (Bortolleto Filho, 2008, p. 390).

h) Espiritualidade da libertação

Surgiu na teologia da libertação, desenvolvida na América Latina no final da década de 1960. A ênfase dessa espiritualidade está em sua preocupação com os pobres. A conversão a Deus exige uma preocupação com os oprimidos. Auxiliada pela hermenêutica histórico-materialista, a Bíblia é lida na perspectiva dos oprimidos.

Podemos pensar que essas correntes parecem algo muito distante de nossos jovens, pois eles não demonstram interesse por desenvolver sua espiritualidade. Mas essa afirmação é equivocada. Já em sua meninice o homem sinaliza seu interesse por algo maior que ele, por Deus. A Organização das Nações Unidas para a Educação, a Ciência e a Cultura (Unesco, 2002) afirma, em sua Declaração Universal sobre a Diversidade Cultural:

> *Reafirmando que a cultura deve ser considerada como o conjunto dos traços distintivos espirituais e materiais, intelectuais e afetivos que caracterizam uma sociedade ou um grupo social e que abrange, além das artes e das letras, os modos de vida, as maneiras de viver juntos, os sistemas de valores, as tradições e as crenças [...]. Artigo 3 – A diversidade cultural, fator de desenvolvimento: A diversidade cultural amplia*

as possibilidades de escolha que se oferecem a todos; é uma das fontes do desenvolvimento, entendido não somente em termos de crescimento econômico, mas também como meio de acesso a uma existência intelectual, afetiva, moral e espiritual satisfatória.

A Bíblia fornece exemplos de personagens que tinham o anseio eterno, homens e mulheres que encontraram respostas e direcionamentos. Foram muito amados e suas vidas foram muito importantes para Deus, pois pensar que o Senhor do Universo, que tem o mundo na palma de Sua mão, preocupa-se com os detalhes da vida de cada ser humano é fenomenal – Ele conhece a capacidade e o limite de cada um. O amor de Deus é tão grande que Ele ama e escolhe apesar de nossas falhas e nossos fracassos.

Paulo escreve em sua Carta aos Romanos belos textos sobre o amor de Deus. Todo adolescente deveria conhecer esse livro, em especial o capítulo 11, versículo 36, em que Paulo ressalta o senhorio absoluto do Criador (todas as coisas vêm Dele), que dá graciosamente vida e salvação a todos (todas as coisas existem por meio dele), encaminhando a humanidade à comunhão com Deus (todas as coisas vão para Ele). Assim, a atitude fundamental do adolescente cristão é a de reconhecimento e louvor (a Ele pertence a glória para sempre), segundo José Bortolini (2007, p. 75).

O apóstolo afirma anteriormente que nada pode separar o jovem do amor de Deus. No capítulo 8 da Carta aos Romanos, nos versos 38 e 39, Paulo afirma: "Porque estou certo de que, nem a morte, nem a vida, nem os anjos, nem os principados, nem as potestades, nem o presente, nem o porvir, nem a altura, nem a profundidade, nem alguma outra criatura nos poderá separar do amor de Deus, que está em Cristo Jesus nosso Senhor" (Bíblia. Romanos, 8: 38-39).

Morte e vida: o amor de Deus "tem força para vencer a morte e renovar a vida para sempre" (Bortolini, 2007, p. 65); anjos, principados e potestades: nenhuma força é superior ao poder do amor de Deus; presente e porvir: nem o tempo pode diminuir ou anular tal amor; altura e profundidade: nada, nem mesmo o mais alto do céu ou o profundo do mar pode ser maior que o amor divino; nenhuma criatura: nem o próprio indivíduo com os mais profundos pecados diminui o amor de Deus.

A grande inquietude que toda pessoa apresenta é a falta de compreensão individual. Os homens não se compreendem, não são capazes de determinar seu papel social, individual e nem o que Deus espera deles. É comum que as pessoas que se sentem assim passem por problemas graves, como depressão, ou por situações tão repletas de inseguranças e medos que as fazem pensar em suicídio.

A felicidade plena é algo espiritual. Por isso, coisas passageiras, finitas, não completam e não delimitam um propósito para a existência humana. Somente com dedicação é possível encontrar respostas para diferentes questões, mas para a grande questão do sentido da vida, uma pergunta eterna e infinita, só uma resposta é possível: somente O Eterno e Infinito Deus pode ser a resposta.

Nem sempre encontramos respostas rápidas – Deus respeita o entendimento humano e seus limites e sabe quando o ser estará preparado para determinada ação. Mesmo que o indivíduo se sinta pequeno e incapaz, sem muito para oferecer, Deus toma tudo o que Lhe é dado, multiplica e dá dimensões completamente novas, com as quais nunca se teria sonhado.

O vazio interior é preenchido quando se conhece Deus e o Seu amor. Nele, encontra-se a resposta para qualquer inquietação, o consolo para qualquer angústia, o carinho ansiado, a compreensão necessária.

Questões para revisão

1. Complete as frases:
   a) Antropologicamente, os seres humanos não apenas criticam os valores de sua sociedade, _____ _____.

   b) No Antigo Egito, a vida espiritual estava muito presente na vida de todos os indivíduos. A cultura egípcia era _____, e a versão oficial da história egípcia era _____.

   c) Na Mesopotâmia, a vida espiritual também era o que movimentava as pessoas. Mesmo _____ era motivada pela religião. Os soberanos da região consideravam-se _____ e cabia a eles efetuarem rituais para prevenir o mal e receber a simpatia divina.

   d) No Médio Oriente havia dezenas de divindades, _____.

   e) Até na China, onde não há um nome geralmente aceito para a religião tradicional, sempre existiu uma espiritualidade forte, fosse ela associada ao _____, ao _____ ou ao _____.

   f) Um dos fatores que levou Sócrates a ser condenado foi não cultuar os deuses da cidade e _____.

   g) Em termos psicológicos, é possível afirmar a existência de um _____, pois o homem toma decisões de natureza humana e espiritual mesmo sem _____.

   h) No momento de maior medo, qualquer indivíduo clama a _____, mesmo sem pensar estrategicamente.

2. Qual é a razão para a presença da espiritualidade humana? Você acredita ser a mais forte e incontestável? Justifique sua resposta.

Explicações para a presença da espiritualidade

considerações finais

Neste material, procuramos apontar alguns caminhos para quem se preocupa em ensinar a Bíblia de forma significativa e proveitosa. Destacamos que a tarefa de ensinar, de acordo com as palavras de Jesus, é uma das principais funções da Igreja. Mesmo tendo em vista o papel e o valor das famílias no desenvolvimento do hábito e do interesse pela Bíblia, há uma ênfase no modo como a Igreja deve atuar.

Ao refletir sobre o papel do professor da Bíblia, enfatizamos o privilégio que alguns indivíduos têm ao exercer essa missão, mas também acentuamos como é grande a responsabilidade desse profissional. Devemos ter em mente que o processo de ensino e aprendizagem sempre envolve mais de uma pessoa. Assim, o dever e a responsabilidade não são somente do professor, mas também do aluno. Assim como há dois agentes (professor e aluno), também há dois fatores que devem ocupar seu devido espaço: a racionalidade e a fé. Somente ao abordar esses dois aspectos inerentes ao ser humano é que o professor de Ensino Religioso pode fazer o aluno refletir corretamente sobre o Texto Sagrado.

Após tratarmos das funções dos agentes do ensino, passamos para a didática propriamente dita. Discutimos qual é o papel das outras áreas do conhecimento para a correta compreensão da Bíblia; como ocorria o estudo nos períodos bíblicos (Antigo e Novo testamentos); como Jesus ensinava (o maior de todos os professores); e como Deus se revelou para a humanidade ao longo do tempo. Também abordamos o modo como ocorria o ensino da Bíblia na Igreja cristã primitiva, medieval e durante a Reforma Protestante.

Finalizamos as discussões sobre as diferentes formas de estudo da Bíblia na atualidade expondo o pensamento das teologias liberal e fundamentalista. Procuramos trabalhar com uma terceira alternativa – o equilíbrio entre razão e fé.

Agora, caro aluno, apresento alguns conselhos finais a quem almeja ser um bom professor.

Quem nobremente vence dificuldades por meio de paciência e firme perseverança, perante as quais outros sucumbem, torna-se forte e pode ser um eficiente auxílio a outros, tanto pela palavra como pelo exemplo. Muitos que agem bem sob circunstâncias difíceis parecem experimentar uma transformação de caráter; afinal, Deus jamais designou que fôssemos vítimas das circunstâncias. (White, 2003, p. 248)

Nem sempre nos encontramos em situações desejadas; bom seria podermos controlar todos os pormenores de qualquer relacionamento (sejam eles pessoais, sejam profissionais ou estudantis), mas isso não ocorre. O detalhe é saber lidar com a situação e saber como é possível mudá-la, e essa sabedoria vem somente do relacionamento com Deus.

Entretanto, para que haja um contato autêntico e produtivo dentro de uma relação, falar o que se pensa não é suficiente. O silêncio é inerente ao processo de ouvir o outro. Só o silêncio permite sentir o próximo e entender o que ele pensa e percebe na medida do possível. Ouvir é condição básica para que um canal se construa e perdure.

Ouvir é o resultado de uma opção consciente por parte de quem deseja compreender o que se passa com o outro, de modo solidário e sem preconceitos, com vistas a uma resolução madura de conflitos ou a um entendimento mais autêntico da situação. Ouvir para dialogar é uma tarefa difícil, pois envolve humildade em reconhecer as próprias falhas e em estar aberto ao aprendizado, mesmo quando o que queríamos fazer era ensinar.

As palavras são um indício do que se acha no coração; elas têm poder de reagir sobre o caráter. Somos influenciados por nossas próprias palavras. Muitas vezes, levados por impulsos momentâneos, instigados por Satanás, damos expressão ao ciúme ou às más suspeitas. Uma vez tendo expressado uma opinião ou decisão, somos muitas vezes demasiadamente orgulhosos para retratá-la, e tentamos provar que estamos com a razão.

Poucos são os que têm consciência do grande alcance da influência de suas palavras e seus atos. Cada um exerce uma influência sobre os outros e será responsável pelo resultado dessa influência. Palavras e ações têm um poder eloquente, e a longa vida do além mostrará o efeito de nossa vida aqui.

A impressão produzida por nossas palavras e ações reagirá certamente sobre nós, trazendo bênção ou maldição. Essa ideia confere uma terrível solenidade à vida e deve atrair-nos a Deus, na humildade da oração, a fim de que Ele nos guie pela Sua sabedoria.

A humildade tem o poder de desarmar discussões, a prudência, de reverter situações. A humildade gera perdão, a prudência gera transformação. A humildade constrói o amor, a prudência constrói o respeito.

Na verdade, as dificuldades podem nos levar a dar o melhor de nós mesmos e nos faz compreender que não precisamos de um título especial ou de prestígio para nos tornarmos uma bênção para os outros e para cumprirmos o propósito que o Senhor tem para cada um de nós. Na verdade, o maior segredo é se entregar nas mãos do Grande Lapidador e nos deixar moldar por Ele.

Precisamos nos esforçar para não nos tornarmos presunçosos, como se Deus tivesse de nos abençoar sempre, independentemente do nosso procedimento. Precisamos saber ouvir a voz de Deus; Ele sempre nos direciona se pedirmos, seja por Sua Palavra, seja por intermédio de pessoas. Não devemos ter postura de superioridade em relação aos outros, como se não tivéssemos o que aprender com eles.

Deus pode nos dar respostas de diversas formas. O segredo consiste em parar para ouvir e pedir a sabedoria que o Espírito Santo pode dar. O rio sabe aproveitar outros rios que deságuam nele – não os exclui, mas se mantém em seu rumo. Com a sabedoria dada pelo Espírito Santo, podemos entender até onde ouvir e como seguir o direcionamento correto.

Precisamos confiar. Devemos levar nossos problemas a Deus, esperando que Ele os resolva e confiando que sua resposta será a melhor. É nossa tarefa levar nossos projetos e sonhos a Deus, com a mesma atitude, porque Ele sempre sabe o que é melhor. Há uma música de que gosto muito, que diz que não importa quão grande seja o seu sonho, o sonho de Deus é maior.

Tenhamos em mente as palavras de Lucas, capítulo 10, versículo 41. Às vezes somos como Marta, preocupados com muitas coisas quando apenas uma é importante, só uma é necessária, ou só alguém é necessário – Deus. Ele pode fazer tudo o que você espera e deseja; Ele pode, inclusive, fazer muito mais e de uma forma muito melhor. Entregue seus problemas e projetos a Ele e tenha fé de que Ele fará o melhor por nós e por meio de nós.

referências

ABERASTURY, A. **Adolescência normal**. Porto Alegre: Artes Médicas, 1981.

AQUINO, T. de. **Suma teológica**. Porto Alegre: E. S. de Teologia S. Lourenço de Brindes, 1980. v. 3.

ARMSTRONG, H. **Bases da educação cristã**. Rio de Janeiro: Juerp, 1992.

ATTALI, J. **Dicionário do século XXI**. Lisboa: Librairie Arthème Fayard, 1998.

BAINES, J.; MÁLEK, J. **O mundo egípcio**: deuses, templos e faraós. Madrid: Edições Del Prado, 1996.

BÍBLIA. Português. **Bíblia Online**. Tradução de Almeida corrigida e revisada, fiel ao texto original. Disponível em: <https://www.bibliaonline.com.br>. Acesso em: 24 abr. 2015.

BLOS, P. **Transição adolescente**: questões desenvolvimentais. Porto Alegre: Artes Médicas, 1996.

BLUDEN, C.; ELVIN, M. **China**: gigante milenário. Madrid: Edições Del Prado, 1996.

BORAM, J. **Juventude, o grande desafio**. São Paulo: Paulinas, 1982.

BORTOLINI, J. **Como ler a Carta aos Romanos**: o evangelho é a força de Deus que salva. São Paulo: Paulus, 2007.

BORTOLLETO FILHO, F. (Org.). **Dicionário brasileiro de teologia**. São Paulo: Aste, 2008.

BRASIL. Lei n. 11.274, de 6 de fevereiro de 2006. **Diário Oficial da União**, Poder Legislativo, Brasília, DF, 6 fev. 2006. Disponível em: <http://www.planalto.gov.br/ccivil_03/_Ato2004-2006/2006/Lei/l11274.htm>. Acesso em: 15 abr. 2015.

CALLIGARIS, C. **A adolescência**. São Paulo: Publifolha, 2000.

CAMPOS, D. M. de S. **Psicologia da adolescência**: normalidade e psicopatologia. Petrópolis: Vozes, 1975.

CASTRO, A. C. de. **O desenvolvimento religioso no adolescente**. 33 f. Trabalho de Conclusão de Curso (Graduação em Filosofia) – Centro de Teologia e Ciências Humanas, Pontifícia Universidade Católica do Paraná, Curitiba, 1981.

CHALITA, G. **Vivendo a filosofia**. São Paulo: Ática, 2008.

CHRISTIN, J. **Los adolescentes**. Madrid: Ediciones Marova, 1969.

COLLINS, M.; PRICE, M. A. **A história do cristianismo**: 2000 anos de fé. São Paulo: Loyola, 1994.

CORNELL, T.; MATTHEWS, J. **Roma**: legado de um império. Madrid: Del Prado, 1996.

COSTA, C. **Os grilos da galera**: as questões da adolescência hoje. São Paulo: Moderna, 1996.

COTRIM, G. **Fundamentos da filosofia**: história e grandes temas. Saraiva, 2006.

CRUZ, T. M. L. da; ESTAL, M. A. M. del. **Religião na escola**: um assunto importante. São Paulo: Loyola, 1999.

CURY, A. **O mestre dos mestres**: Jesus, o maior educador da história. Rio de Janeiro: Sextante, 2006.

DECONCHY, J. P. **O desenvolvimento psicológico da criança e do adolescente**. Lisboa: Pórtico, 1970.

DIAS, F. O desenvolvimento cognitivo no processo de aquisição de linguagem. **Revista Eletrônica**, v. 3, n. 2, p. 107-119, dez. 2010. Disponível em: <http://revistaseletronicas.pucrs.br/ojs/index.php/letronica/article/viewFile/7093/5931>. Acesso em: 24 abr. 2015.

DREHER, M. N. **Para entender o fundamentalismo**. São Leopoldo: Sinodal, 2006.

ELWELL, W. A. **Enciclopédia histórico-teológica da igreja cristã**. São Paulo: Sociedade Religiosa Edições Vida Nova, 1990. v. 2.

ENGELMAYER, O. **Psicologia evolutiva de la infância y de la adolescencia**. Buenos Aires: Editorial Kapelusz, 1970.

ERIKSON, E. H. **Infância e sociedade**. Rio de Janeiro: Zahar, 1971.

FERRAROTTI, F. et al. **Sociologia da religião**. São Paulo: Paulinas, 1990.

FERRAZ, E. P. do C. **Pessoa humana**: psicologia e espiritualidade. Petrópolis: Vozes, 1993.

FERREIRA, A. B. de H. **Novo Aurélio Século XXI**: o dicionário da língua portuguesa. Rio de Janeiro: Nova Fronteira, 1999.

FERREIRA, B. W. **Adolescência**: teoria e pesquisa. Porto Alegre: Sulina, 1978.

FERREIRA, M. **Por trás do véu**: a história da primeira denominação pentecostal brasileira. São Paulo: Baraúna, 2009.

FINKLER, P. **Ao encontro do Senhor**: a vida de oração à luz da psicologia. Petrópolis: Vozes, 1993.

FRANGIOTTI, R. **Padres apostólicos**. São Paulo: Paulus, 1995.

FREIRE, P. **Pedagogia do oprimido**. 45. ed. São Paulo: Paz e Terra, 2007.

FROTA, A. M. M. C. Diferentes concepções da infância e adolescência: a importância da historicidade para sua construção. **Revista Estudos e Pesquisas em Psicologia da UERJ**, Rio de Janeiro, v. 7, n. 1, abr. 2007.

GALLATIN, J. E. **Adolescência e individualidade**: uma abordagem conceitual da psicologia da adolescência. São Paulo: Harper & Row do Brasil, 1978.

GREGGERSEN, G. A prática pedagógica do educador cristão: reflexões a partir da parábola do semeador. **Revista Fides Reformata Et Semper Reformada EST**, v. 7, n. 1, p. 105-123, 2002. Disponível em: <http://www.mackenzie.br/fileadmin/Mantenedora/CPAJ/revista/VOLUME_VII_2002_1/FIDES_REFORMATA-105-123.pdf>. Acesso em: 24 abr. 2015.

GRIFFA, M. C. **Chaves para a psicologia do desenvolvimento**: adolescência, vida adulta, velhice. São Paulo: Paulinas, 2001. Tomo 2.

GRYNBERG, H.; KALINA, E. **Aos pais de adolescentes**: como viver sem drogas. Rio de Janeiro: Record/Rosa dos Tempos, 1999.

INSTITUTO DE PASTORAL DE JUVENTUDE. **Aprendendo a ser novo**: 15 reuniões com jovens. Petrópolis: Vozes, 1995.

JOHNSON, P. E. **Psicologia da religião**. São Paulo: Aste, 1959.

JORGE, J. A. **Dicionário informativo bíblico, teológico e litúrgico, com aplicações práticas**. Campinas: Átomo, 1999.

JUNQUEIRA, S. R. A. Construir espaços não imaginados interpretando a fluidez dos tempos. **Revista Diálogo Educacional**, v. 4, n. 9, maio/ago. 2003.

JUSTINO, M. S. **Justino de Roma**: I e II apologias – diálogo com Trifão. São Paulo: Paulus, 1995.

KNOBEL, M. **Psicoterapia breve**. 2. ed. São Paulo: EPU, 1986.

LARA, V. L. **A Bíblia e o desafio da interpretação sociológica**: introdução ao primeiro testamento à luz de seus contextos históricos e sociais. São Paulo: Paulus, 2009.

LARONDELLE, H. K. **O Israel de Deus na profecia**: princípios de interpretação profética. Engenheiro Coelho: Imprensa Universitária Adventista (Centro Universitário Adventista de São Paulo), 2003.

LATOURELLE, R.; FISICHELLA, R. **Dicionário teologia fundamental**. Petrópolis: Vozes; Aparecida: Santuário, 1994.

LAZIER, J. A. **Cristianismo prático**: a educação na Bíblia. São Bernardo do Campo: Editeo, 2010.

LEVI, P. **Grécia**: berço do ocidente. Madrid: Edições Del Prado, 1996.

LIBANIO, J. B. **Jovem em tempo de pós-modernidade**: considerações socioculturais e pastorais. São Paulo: Loyola, 2004.

LOPES, H. D. **A importância da pregação expositiva para o crescimento da igreja**. São Paulo: Candeia, 2004.

LOSSKY, N. **Dicionário do movimento ecumênico**. Petrópolis: Vozes, 2005.

MACHO, A. D.; BARTINA, S. **Enciclopedia de la Bíblia**. Barcelona: Garriga Impresores S.A, 1964. v. 3.

MARASCHIN, J. C. **O ministério cristão**. São Paulo: Aste, 1979.

MATOS, A. S. **Reforma Protestante**. 2011. Disponível em: <http://www.mackenzie.br/6965.html>. Acesso em: 26 abr. 2015.

MOSCONI, L. **Para uma leitura fiel da Bíblia**. São Paulo: Loyola, 1996.

NASCIMENTO, M. A. do. **O adolescente e a religião**. Trabalho de Conclusão de Curso (Especialização em Filosofia) – Centro de Teologia e Ciências Humanas, Pontifícia Universidade Católica do Paraná, Curitiba, 1982.

NOVAES, R. Reciclagem entre herança e inovações: juventude, religiosidade e cidadania. In: OLIVEIRA, P. A. R. de.; MORI, G. (Org.). **Religião e educação para a cidadania**. São Paulo: Paulinas; Belo Horizonte: Soter, 2011.

OLSON, R. **História da teologia cristã**: 2000 anos de tradição e reformas. São Paulo: Vida, 2001.

ORÍGENES. **De principiis**: Livro IV. Disponível em: <http://www.cristianismo.org.br/or-prin2.htm>. Acesso em: 12 maio 2015.

OSÓRIO, L. C. **Adolescente hoje**. Porto Alegre: Artes Médicas, 1989.

PÁDUA, G. L. D. de. A epistemologia genética de Jean Piaget. **Revista FACEVV**, n. 2, 1. sem. 2009. Disponível em: <http://www.facevv.edu.br/Revista/02/A%20EPISTEMOLOGIA%20GENETICA.pdf>. Acesso em: 24 abr. 2015.

PAGOLA, J. A. P. **Jesus**: aproximação histórica. Petrópolis: Vozes, 2011.

PAPALIA, D. E. **O mundo da criança**: da infância à adolescência. São Paulo: McGraw-Hill do Brasil, 1981.

PAPALIA, D. E.; OLDS, S. W. **Desenvolvimento humano**. Porto Alegre: Artmed, 2000.

PASSADOR, E. C. **O jovem e a religião**. São Carlos, 2 f. Resumo de trabalho acadêmico – UFSCAR. Disponível em: <http://www.ufscar.br/~bdsepsi/fat_den_res_3.pdf>. Acesso em: 24 abr. 2015.

PAVAN, A. Além dos corações e mentes: paradigmas propõem educação do corpo e do intelecto aliada à espiritualidade. **Revista Educação**, ano 28, n. 251, mar. 2002. Disponível em: <http://www2.uol.com.br/aprendiz/n_revistas/revista_educacao/marco02/destaque.htm>. Acesso em: 28 jul. 2015.

PAZMIÑO, R. W. **Deus nosso mestre**: bases teológicas da educação cristã. São Paulo: Cultura Cristã, 2006.

PELLETIER, A. M. **Bíblia e hermenêutica hoje**. São Paulo: Loyola, 2006.

PERKINS, W. M.; PERKINS, N. M. **Criando filhos saudáveis num mundo de drogas**. São Paulo: Círculo do Livro, 1986.

PIAGET, J. **Psicologia e epistemologia**. 5. ed. Lisboa: Publicações Don Quixote, 1991.

PINTO, M. de L.; KISZEWSKI, J. **Juventude, consumo & educação**. Porto Alegre: ESPM, 2008.

PLATÃO. **A república**. Lisboa: Fundação Calouste Gulbenkian, 1949.

____. **Apologia de Sócrates**: precedido de Êutifron (sobre a piedade) e seguido de Críton (sobre o dever). Porto Alegre: L&PM, 2009.

QUINTILIANO, A. M. L. Adolescência, mídia e religião no mundo contemporâneo. In: UNESCOM – CONGRESSO MULTIDISCIPLINAR DE COMUNICAÇÃO PARA O DESENVOLVIMENTO REGIONAL, 1., 2006, São Bernardo do Campo. **Anais...** Disponível em: <http://encipecom.metodista.br/mediawiki/images/9/9f/Gt1-CELACOM-_07-_Adolescencia_midia_e_religiao_-_Angela.pdf>. Acesso em: 26 out. 2015.

RACIONAIS MC's. **Sobrevivendo no inferno**. São Paulo: Cosa Nostra, 1998. 1 CD.

RAHNER, K. **Teologia e antropologia**. São Paulo: Paulinas, 1969.

RASPANTI, A. **Pais e adolescentes**: em busca da autonomia e da liberdade. São Paulo: Paulinas, 1997.

REIS, G. **Princípios norteadores para uma educação cristã reformadora**. Disponível em: <http://www.monergismo.com/textos/educacao/principios_educacao_gildasio.htm#nota7>. Acesso em: 11 maio 2015.

RÉTIF, L. **Para uma pastoral remoçada ao serviço dos adolescentes**: perseverar ou renascer – pastoral da adolescência. Lisboa: Imprimatur, 1963.

RIBEIRO, R. **Antropologia da religião e outros assuntos**. Recife: Massangana/Fundação Joaquim Nabuco, 1982.

ROAF, M. **Mesopotâmia e o antigo Médio Oriente**. Madrid: Del Prado, 1996.

ROSSI, L. A. S. **Jesus vai ao Mcdonalds**: teologia e sociedade de consumo. São Paulo: Fonte Editorial, 2008.

SANTO AGOSTINHO. **Confissões**. Livro primeiro. São Paulo: Canção Nova, 2007. Disponível em: <http://img.cancaonova.com/noticias/pdf/277537_SantoAgostinho-Confissoes.pdf>. Acesso em: 26 abr. 2015.

SCHMIDT, W. H. **Introdução ao Antigo Testamento**. São Leopoldo: Sinodal, 1994.

SCOTT, R. B. Y. **Os profetas de Israel**: nossos contemporâneos. São Paulo: Associação de Seminários Teológicos Evangélicos, 1968.

SMARJASSI, C. Educação e espiritualidade: limites e possibilidades de um encontro pedagógico no ensino religioso. **Revista Pistis & Praxis: teologia e pastoral**, Pontifícia Universidade Católica do Paraná, Curitiba, Champagnat, v. 3, n. 1, p. 239-268, jan./jun. 2011. Disponível em: <http://www2.pucpr.br/reol/index.php/pistis?dd99=pdf&dd1=4576>. Acesso em: 28 jul. 2015.

SOUZA FILHO, P. V. A. de. **A religiosidade na vida social do homem**. Trabalho de Conclusão de Curso (Departamento de Filosofia) – Centro de Teologia e Ciências Humanas, Pontifícia Universidade Católica do Paraná, Curitiba, 1987.

STRECK, G. I. W. Adolescentes e religiosidade: aportes para o ensino religioso na escola. **Periódico das Faculdades EST – estudos teológicos**, v. 46, n. 2, 2006. Disponível em: <http://goo.gl/e50tEH>. Acesso em: 14 maio 2015.

SUÁREZ, A. S. **A influência da educação escolar adventista na identidade e na fé de adolescentes**. Dissertação (Mestrado em Ciências da Religião) – Universidade Metodista de São Paulo, São Bernardo do Campo, 2005.

TAMAYO, J. J. **Novo dicionário de teologia**. São Paulo: Paulus, 2009.

TERTULIANO. **Apologia**. Tradução de José Fernandes Vidal e Luiz Fernando Karps Pasquotto. 2015. Disponível em: <http://www.apologistascatolicos.com.br/obraspatristicas/index.php?af=TertulianoApologia>. Acesso em: 12 maio 2015.

TIBA, I. **Puberdade e adolescência:** desenvolvimento biopsicossocial. São Paulo: Ágora, 1986.

TILLICH, P. **Perspectivas da teologia protestante nos séculos XIX e XX**. São Paulo: Aste, 1999.

____. **História do pensamento cristão**. São Paulo: Aste, 2007.

TORQUATO, N. M. M. O resgate do homem multidimensional em mundo unidimensional. **Revista Diálogo Educacional da Pontifícia Universidade Católica do Paraná**, v. 6, n. 17, jan./abr. 2006.

UNESCO – Organização das Nações Unidas para a Educação, a Ciência e a Cultura. **Declaração Universal sobre a Diversidade Cultural**. Paris, 2002. Disponível em: <http://unesdoc.unesco.org/images/0012/001271/127160por.pdf>. Acesso em: 26 abr. 2015.

VEILLEUX, A. **As origens do monaquismo cristão**. 1999. Disponível em: <http://www.ecclesia.com.br/biblioteca/monaquismo/as_origens_do_monaquismo_cristao.html>. Acesso em: 26 abr. 2015.

WERTHEIM, M. **Uma história do espaço de Dante à internet**. Rio de Janeiro: J. Zahar, 2001.

WHITE, E. **O lar adventista**. Tatuí: Casa Publicadora Brasileira, 2003.

gabarito

Capítulo 1

Questões para revisão

1. a) "Portanto ide, fazei discípulos de todas as nações, batizando-os em nome do Pai, e do Filho, e do Espírito Santo; ensinando-os a guardar todas as coisas que eu vos tenho mandado" (Bíblia. Mateus, 28: 19-20).
   b) O Espírito Santo.
2. "Trazendo à memória a fé não fingida que em ti há, a qual habitou primeiro em tua avó Lóide, e em tua mãe Eunice, e estou certo de que também habita em ti" (Bíblia. II Timóteo, 1: 5).
3. "E no ano quinto de Jorão, filho de Acabe, rei de Israel, reinando ainda Jeosafá em Judá, começou a reinar Jeorão, filho de Jeosafá, rei de Judá. Era ele da idade de trinta e dois anos quando começou a reinar, e oito anos reinou em Jerusalém. E andou no caminho dos reis de Israel, como também fizeram os da casa de Acabe, porque tinha por mulher

a filha de Acabe, e fez o que era mal aos olhos do Senhor" (Bíblia. II Reis, 8: 16-18).

Capítulo 2

Questões para revisão

1. a) Aperfeiçoar-se espiritualmente.

   b) Reconhecer seus limites.

   c) Conhecer seus educandos.

   d) Reconhecer a responsabilidade de sua missão.

   e) Buscar ser um bom exemplo.

2. Não, a responsabilidade é enorme, mas é preciso ajudar os outros a se encontrarem com o Salvador. "Os que forem sábios, pois, resplandecerão como o fulgor do firmamento; e os que a muitos ensinam a justiça, como as estrelas sempre e eternamente" (Bíblia. Daniel, 12: 3).

3. Qual é o sentido de sua vida. Querem descobrir por que eles estão neste mundo.

4. Resposta pessoal.

Capítulo 3

Questões para revisão

1. A filosofia. Para compreender o sentido da palavra *princípio* (Bíblia. João, 1: 1), é preciso reconhecer que, para os leitores da carta daquele período (gregos), a palavra *arché* (*princípio*, no grego) tinha o sentido de "essência da vida". Assim, quando o evangelista diz que Jesus é o princípio, ele diz que Jesus é a essência da vida.

2. A união da inteligência com o coração é sabedoria. Paulo Freire assevera que o professor não deve ser neutro como um cientista nem frio como um intelectual. A teologia deve passar pela mente e pelo coração, além de ter conteúdo, clareza e amor.

3.

Campos de competência	
Ciência	Sabedoria
Problemas	Mistérios
Questões práticas	Questões existenciais
Solúveis (há solução)	Recorrentes
Fatos, fenômenos	Sentidos (o que motiva)/a diferenciação como se visse o invisível
Parcial	Total (existencial, preocupa-se com a vida, o ser)
Questões imanentes (deste mundo)/físicas	Questões transcendentes/metafísicas
Alcança o sucesso	Alcança a felicidade e a salvação
Explica	Justifica (faz compreender)

Capítulo 4

Questões para revisão

1. a) Sensório-motor: Nesse período, a criança aprende apenas o que está à sua volta de imediato; demora um pouco a aprender com seus próprios erros; muitas das ações não são intencionais, sendo mais como reflexos. Nessa fase, a criança aprende com suas ações, não por discursos. Exemplo bíblico: Abraão e Sara (ser sua irmã, somente). Pré-operatório: Mais egocêntrica, a criança começa a compreender a função simbólica; apresenta dificuldades para compreender transformações; não entende bem a reversibilidade, pensa que se algo mudou não tem retorno; começa a surgir a linguagem, primeiramente oral e, logo em seguida, escrita; sua compreensão ainda está ligada ao presente e a acontecimentos concretos; na fase dos

porquês, ela busca pela causa e efeito das coisas. Exemplo bíblico: sonho de Jacó com a escada.

Operatório concreto: A criança passa a ver além de si mesma, diminui o egocentrismo; o domínio da linguagem já é preenchido; passa a estabelecer prioridades; desenvolve a habilidade de agrupar. Exemplo bíblico: discursos proféticos.

Operatório formal: A criança é capaz de pensar lógica e sistematicamente sem o apoio material. Também está apta a criar conceitos e ideias, passa a viver mais em grupo e a tomar decisões coletivas; é capaz de refletir sobre a sociedade e deseja transformá-la. Exemplo bíblico: Parábolas de Jesus.

2. Lar/festas/Espírito Santo.
3. O primeiro texto trata do crente sincero, enquanto o segundo versa a respeito daquilo que é possível compreender apenas com a iluminação do Espírito Santo.
4. Resposta pessoal.

Capítulo 5

Questões para revisão

1. Patrística, escolástica e Reforma Protestante.
2. Resposta pessoal.
3. a) João Escoto Erígena, Anselmo da Cantuária, Pedro Abelardo e Bernardo de Claraval.

    b) Roger Bacon, Boaventura de Bagnoreggio e Tomás de Aquino.

    c) João Duns, Guilherme de Ockham, Jean Buridan e Nicolas de Oresme.
4. A mensagem elementar da Reforma era que a Bíblia fosse a única regra de fé, uma vez que sua origem é divina.
5. Eram professores de teologia.

6. A Bíblia se interpreta a si mesma. Um ponto confuso ou obscuro do texto bíblico deve ser aclarado por outros textos bíblicos que falam sobre o mesmo assunto.
7. Livre exame não significava "livre interpretação", meramente pessoal, subjetiva, aleatória. Os reformadores foram os primeiros a dar o exemplo nesse sentido, levando em consideração o que havia de melhor na tradição exegética da Igreja Antiga.

Capítulo 6

Questões para revisão

1. a) Em um primeiro momento, a teologia liberal foi influenciada pela filosofia e pela ciência do Iluminismo do século XVIII. Nesse cenário, apareceram teólogos racionalistas, deístas e céticos. A razão era a essência do pensamento iluminista, o que foi o divisor de águas entre o período medieval e a modernidade. A razão foi posta acima da tradição cristã e aquilo que ela apregoava.

   b) O fundamentalismo se opôs à modernidade, pois partia da perspectiva histórico-crítica. Utilizava um método inovador para interpretar os componentes da fé, principalmente os textos bíblicos. Para os componentes do fundamentalismo, havia verdades que eram intocáveis e que não deviam ser submetidas à ciência e à relativização dos termos.

   c) Na realidade, não há terceira alternativa; o que se faz é desvendar como se utilizar os aspectos positivos da teologia liberal (a preocupação com um estudo mais sistematizado do texto) e a beleza do envolvimento da fé humana em um Deus que participa do cotidiano de seus criados. Na verdade, seria necessário unir os dois aspectos; assim, a informação bíblica passaria pela mente humana e entraria em seu coração.

2. Escriturística.

Capítulo 7

Questões para revisão

1. a) Transgressão: Os adolescentes não aceitam e não respondem bem a autoridades.

    b) Síndromes: A síndrome da adolescência normal abrange o processo de uma adolescência regular, que apresenta aspectos como: busca de si mesmo e da identidade; tendência grupal; necessidade de intelectualização; desorientação temporal; evolução sexual do autoerotismo à sexualidade orientada ao outro; separação progressiva dos pais; constantes flutuações do humor e do estado de ânimo. Mas há alguns casos em que o adolescente foge desse processo regular – ele enfrenta e passa por patologias como: mundo imaginário, tentativa de suicídio e infantilismo.

    c) Drogas: Alguns utilizam a droga apenas por ser proibida, pois isso é também uma forma de se opor à autoridade – muitas vezes, a proibição por si só é um fator de atração. Mas também não podemos esquecer que o uso de drogas pode indicar que algo não vai bem.

    d) Sexualidade: Por se sentirem incompletos e incompreendidos, alguns adolescentes focam suas frustrações em relacionamentos intersexuais.

2. Pelo número de filmes, livros e músicas que essa faixa etária utiliza e que tratam de temas religiosos.

3. Ela é fundamental, pois o interesse dos alunos é imenso quando tratamos da Palavra de Deus.

Capítulo 8

Questões para revisão

1.
   a) mas também os criam
   b) impregnada de espiritualidade/de caráter religioso
   c) a construção de cidades/representantes dos deuses
   d) e cada cidade tinha seu próprio deus
   e) taoísmo/budismo/confucionismo
   f) introduzir novas divindades
   g) inconsciente espiritual/se dar conta disso
   h) Deus
2. Resposta pessoal.

sobre a autora

Mariana Maciel de Moraes tem formação em Pedagogia pela Universidade Federal do Paraná (UFPR), curso que lhe garantiu a possibilidade de lecionar para diferentes faixas etárias. É mestre em Teologia pela Pontifícia Universidade Católica do Paraná (PUC-PR), curso que lhe deu bases para estruturar um pensamento teológico; como teóloga, a autora tem ainda cursos de formação livre pelo Centro Universitário Adventista de São Paulo (Unasp). Trabalha também com educação religiosa há cerca de 15 anos, lecionando para a educação fundamental e o ensino médio. Começou recentemente a trabalhar com o ensino superior.

Impressão:
Novembro/2015